河出文庫

ヒルコ

棄てられた謎の神

戸矢学

河出書房新社

まえがき　ヒルコから始まる根源の系譜

天皇家に苗字のないことは周知のことだが、実は「姫（き）」氏なのだという説がある。かなり古くから一部に知られている説で、平安時代の講書（『日本書紀』を天皇に講義した記録）などにも書かれている。博士への質疑の一つに「わが国が姫氏（きし）国と呼ばれるのはなにゆえか」とある。

姫（き）とは、中国の周王朝の国姓である。つまり、もし天皇家の苗字が姫氏であるならば、日本の天皇は周王朝の血筋であるということになる。

日本で最も古い氏族の一つである紀伊の国造（くにのみやつこ）家は、紀（き）氏という。紀長谷雄（きのはせお）や紀貫之（きのつらゆき）らを輩出している名家の中の名家である。キイ、キノと呼んだりもするがキ氏が本来で、姫氏と同じ発音だ。

そしてその古い系譜は紀元前にまで遡る。紀氏が海人（あま）族を従えて水軍を組織していたことを思うと、中国江南あたり（呉・越などの海人族）と古代から行き来があったというのも現実味がある。鯨漁が発展した下地には、海人族の卓越した漁撈技術があったのだろう。

元々の姫氏国である周は、紀元前一〇四六年頃に建国し、紀元前二五六年に秦に滅ぼされた。奇しくもその頃から、わが国で「銅鐸」が造られるようになる。

また、なぜか周王族はその後も存続を許されていて、血筋は絶えなかった。政権が代わると、前の王室を根絶やしにするのが中国の通例なので、秦のこの措置は異例である。

日本が姫氏国であるとは、中国の歴代王朝を訪問した日本の使節みずからがそう称したのだと、中国の古い歴史書に記されている。どうやら中国の為政者や学者たちの間では昔からかなり知られていたことのようで、記されている文献は一つや二つではない。

この説の肯定派の代表は儒学者の林羅山、否定派は国学者の本居宣長で、一時期かなりの論争があった。

皇室が本当に周王家の血筋であるか、また姫氏であるかはともかくとしても、かつてそう名乗っていたことだけは確かだろう。歴代の中国王朝に対して、朝貢使が「日本国王の姓氏」として皇帝に答えているのだ（他に国姓は「倭（わ）」「天（あめ）」などの異説もあるが、あえて採り上げるほどの根拠はない）。

国家によって派遣された朝貢使が、国姓を問われて勝手に創作するはずもないので、あらかじめ確認もしていたであろうし、遣使団の中でも主要メンバーには共通認識であったに違いない。

遣隋使や遣唐使などの遣使は、少ないときで五十人規模、多いときは五九〇人（七三三年）もの集団であったが、中心は身分の高い知識人たちである。皇室ともなんらかの交流があり、歴史関係の資料に接する機会もあっただろう。そういう彼らの応答であるから、いい加減なものであろうはずがない。

とすれば、それにはそれだけの理由があるのが当然で、もしこれを解き明かすことができるなら、そこからさらに様々な歴史の裏側も見えて来るだろう。

そしてその手がかりが、始源の「謎の神」にあると私は考えた。

「ヒルコ」である。

水蛭子、蛭兒などと「記・紀」には記される。

神々の物語を、その後に続く歴史記録から逆算すると、ヒルコ誕生は周の滅亡というタイミングにきわめて近い。

ヒルコは、イザナギ、イザナミの最初の子（『古事記』）でありながら、棄てられた神である。アマテラス、ツクヨミ、スサノヲの兄であるのに、この処遇はいかなることか。しかも神であるのに、その来歴がまったく記されていない。

記・紀にはこの世界のあらゆる神が描かれていて、なかには「こんなものまで」と思わず言いたくなるような神までいる。

それなのに、ヒルコは尊貴の生まれでありながら、何の来歴も示されずに遺棄されるのだ。

はたしてこの神は、どこから来て、どこへ行ったのか。

始源の神でありながら、生後すぐに葦船に乗せて海に流されたとのみ記されるとは、なんと不可解で象徴的な神話なのだろう。

神々の物語を単なる空想お伽噺として片付けるのは簡単だが、歴史的事実を表象化したものだととらえれば、むしろ事実はシンプルな形で浮かび上がって来る。

日本人のルーツは、神話の中にこそあるのだ。しかも歴史的事実として、である。

私はそう確信している。

姫姓の秘密とヒルコの系譜、——本書ではそれを解き明かそうとしている。

しかもその事実は、驚くべきことにわが国の建国の由来をくつがえすような〝秘史〟を、私たちに覗かせてくれることになる。この国の歴史の根源に至る扉は、この系譜を辿ることによって初めて開かれるだろう。

さてそこで、読者の皆さんがヒルコを巡る物語に入って行きやすいように、まずは各章の要点を紹介しておこう。

第一章は、ヒルコの誕生と、その妹であるヒルメの関係を解き明かす。ヒルメとはアマテラスのことだ。またヒルコにエビス神を習合させた、日本人の心理にも論及する。

第二章では、ヒルメの父祖が江南の呉太伯か、陳大王かを論ずる。そのうえで、ヒルコは呉王・夫差なのか、中国の資料からも検討する。

第三章では、日本に渡来した江南の海人族が、紀氏となり、紀州で丹（水銀）を求めて、ニウツヒメ（ワカヒルメ）を奉斎する歴史を追う。

第四章は、ヒルコの始祖にあたるアメノミナカヌシの正体へのアプローチ。その神を信奉する北辰信仰からヒルコの渡海を検証する。

最終第五章においては、スサノヲがヒルコである可能性を掘り下げ、併せて徐福伝説とヒルコの建国神話の重層性に迫る。

＊

――ここから、驚くべき〝秘史〟を、あなたは知ることになるだろう。

著者

＊このたび、「その後のヒルコ」を追った最終章を書き下ろして追加し、増補新版として再刊することとなった。（二〇一四年春）

＊増補新版に「徐福と出会う旅」を書き下ろし、〈決定版〉と致します。（二〇一九年春）

ヒルコ　棄てられた謎の神

◉

目次

まえがき　ヒルコから始まる根源の系譜　3

第一章　流された神・ヒルコの謎　漂着神話に由来するエビスと隼人　17

棄てられた第一子　17
アマテラスの本名とは　22
『先代旧事本紀』（旧事紀）のヒルコ　28
失われた歴史書　32
『先代旧事本紀』は偽書ではない　36
ヒルコは日本神話から排除されたか　38
エビス神となったヒルコ　43
千木・鰹木が示す重要な意味　47
なぜヒルコ神話とエビス信仰は習合したのか　49
海人族　52
夷三郎の誕生　55
日本神話のスタンダードは？　57
蛭子の表記法が示唆するもの　59

ヒルコとヒルメの血脈 62
日本語の起源 66
「ヒルコ・ヒルメ双子説」の魅力 68
記・紀の神々は実在した 72

第二章 太陽の化身・オオヒルメの謎 海人族が奉戴した八幡神の母 78

ヒルメの血脈 78
太伯を王として迎えた江南の海人族 84
陳大王とは誰か? 87
もう一つの起源説 92

第三章 「丹」をつかさどる神・ワカヒルメの謎 銅鐸は紀氏一族の祭器か 99

ニウツヒメとは何者か? 99
記・紀より古くから祀られている神 102
神名に込められた〝遺伝子〟情報 104
丹生=水銀鉱脈を求めて 106

オオヒルメ・ワカヒルメ伝説　111
最古の氏姓・紀氏　118
丹生氏一族の足跡　120
姫氏から紀氏へ　122
銅鐸祭祀から銅鏡祭祀へ　124
姫はヒメか　131
天皇家の氏姓が消えた時　132

第四章　北極星となった神・アメノミナカヌシの謎
呉太伯伝説は海を越えて　138
馬琴の発想　138
神話解釈の誤り　144
北極星と陰陽道　147
四神相応から解き明かす「ヒルコ＝玄武」　150
北極星を具現するアメノミナカヌシ　161
北辰は北斗に乗って天上を巡る　163
北辰信仰　166

太一は太陽・太陰を統括する　175
奈気木の杜　177
ヒルコとヒルメの渡海　182

第五章　降臨する現人神・スサノヲの謎　渡来神話が示す歴史的事実　184

消された「建国神話」　184
この地に吾居ること欲さず　189
須賀は王宮第一号　191
「スサノヲ」の表記　194
秦使の渡海伝説　196
中国の歴史書　201
琅琊台から済州島を経て出雲へ　206
徐福の渡来　208
阿須賀神社は、熊野三社の元宮　211
熊野本宮の神・家都御子大神の謎　215
死して神となる日本人　220
スサノヲ・イソタケル父子は朝鮮渡来神ではない　223

船で流れ着く神の正体 225
『先代旧事本紀』（旧事紀）の中核とは 228
隠された血脈 231

増補最終章　その後のヒルコ　「蓬莱山」をめざして 236

「平原広沢」を得て、王となった？ 236
消された「富士山」 240
「富士王国」は何処に 244
〝王〟の祭祀 248

初版あとがき 254

徐福と出会う旅　『決定版ヒルコ』のあとがきに代えて 259

文庫版あとがき 266

参考資料 268

ヒルコ　棄てられた謎の神

第一章　流された神・ヒルコの謎　漂着神話に由来するエビスと隼人

棄てられた第一子

日本神話に登場する謎の神「ヒルコ」を、あなたは知っているだろうか。『古事記』では水蛭子、『日本書紀』では蛭児と記されている。ともに使われている文字の「蛭」は、吸血虫のヒルを表す。

一見、なんとも禍々しい神名である。

イザナギ、イザナミ二神の初めて生む子に、なにゆえこのような名の神を持ってきたのか。記・紀ともに大和朝廷が直接編纂する国書、あるいはそれに準ずる文書であるにもかかわらず「蛭」の文字を、あろうことか神の名に用いているのだ。他にいくらでも適した文字があるだろうに、あえて「蛭」の文字を使ったのには、どんな意味があるというのだろう。

私自身、初めて記・紀の神話篇を読んで以来、このことはずっと気に掛かっていた。

また、私と同様にこの一点が気に掛かっている人は少なからずいるのだということを、後々知ることになった。

しかしその答えは容易には見つからない。見つからないから、ますます人々は空想妄想の類を逞しくして、ヒルコを勝手に育てることになる。ファンタジー小説や漫画、アニメの素材として取り扱われて、これまでに様々なヒルコが誕生している。しかし元は、わずかな記述にすぎない。

『古事記』には、こう記されている。

「くみどに興(おこ)して、子水蛭子(みこヒルコ)を生みたもう。この子は葦船に入れて流し去(や)りき。」（＊くみどは寝所のこと）

いわゆる「国生み神話」は、夫婦神であるイザナギ、イザナミが国土と神とを生むことである。そして『古事記』では、二神から生まれた最初の神がヒルコであった。この子は葦船に乗せて流したとある。

第二子はアワシマ。しかしヒルコとアワシマの二神は子の数に入れないと『古事記』は記す。そしてその理由を「女人先唱」とする。

つまり、「女性のほうから先に声を掛けた」から、不具者が生まれ、なおかつ生まれた子は子として認められないという。日本人の倫理観を論旨のベースにしているとされている。

この説を鵜呑みにするならば、古代日本が母系社会であったことと考え合わせるといっそう違和感を生じる。女人先唱ならぬ女神先唱は、それほどに罪深いことなのか。少なくとも『古事記』の思想はそうであると示唆しているかのようだが、このような考え方は後々に儒教思想が入ってきてからのことだ。もともと日本人に馴染んでいた思想ではないだろう。

『古事記』にはヒルコについてこれ以上何の記述もない。出生直後に葦船に乗せて流し捨てられただけなのだ。ただ女人先唱を否定するためにのみ登場したと考えるには、この名付けは意味深長である。

第二子のアワシマは「淡嶋」の文字が充てられていることからもきわめて即物的な命名で、「泡のような島」だから国土としては不適当であったのだと容易に理解できる。「吾恥（あは）じ」に由来するとされる『日本書紀』のアハジ（淡路）と比べると『古事記』の基本的なコンセプトがよくわかる。

しかしヒルコは「水蛭子」の文字が充てられている。「蛭」のみで「ヒル」と読むのだから「水」は余分だ。「不見（ミズ）」のつもりが込められているとも思われるので、ここに強い作為を感じさせる。『古事記』としては、ヒルコは忌避すべき存在として位置づけられたことは間違いないところだが、その理由は隠されている。

おそらくヒルコ、もしくはそれに近い発音の神名はまぎれもなく伝承されていたのであろう。しかしそれに蛭の字を与えれば、誰もが禍々しい姿を想像するだろう。そのゆえに、蛭のように骨のない異様な肉体で、歩くことも立つこともできない不具者としてイメージさせて、海に遺棄することで締めくくる。

さしずめ「誤りの神話」はここで終わりであって、次に「正しい神話」が始まると言っているかのようだ。その区切りの存在がヒルコなのだ。ヒルコを遺棄することによって、新たに正しい神話が始まることになる。

しかし「誤りの神話」とは何で「正しい神話」とは何か。これが神話でなく歴史であるならば、革命が起きて別の新たな国家がスタートしたかのようである。

こういった神話構造には必ずなんらかの意図が伏在している。そうでなければ、右に述べたような記述を冒頭部分に持ってくる必要がない。素直に第一子から優れた神であって何の不都合もない。

もし革命ともいうべき歴史的大事件があったとするならば、それは具体的に書くのがはばかられる内容であったと考えるのが自然というものだ。だから「神話」という衝撃緩衝材（ショック・アブソーバー）を用いた、と。

また、神といえども一度は誤りを犯す、ということのみが言いたいのであれば、それを「蛭」にまで貶める必要はない。おぞましくも凶々しい存在として登場させる底流に、正体不明の「敵意」を感じるのは私ばかりではないだろう。流して棄てなければならないなにものかがあって、神話ではこの一節をもって切り捨てて、そこから新たな建国神話を開始しなければならなかったのではないか。

「もう一つの建国神話」

　そう呼ぶべきものが先にあって、ヒルコとはその象徴なのではないか。『古事記』が忌避しなければならない真相が、ヒルコの由来にはあるのではないか。そしてヒルコには、別の文字が相応しい本来の姿があったのではないか。

　それが判れば、「もう一つの建国神話」も解明されて、神話＝歴史を一本化するために隠されなければならなかった真相も明らかになるのではないか。――そしてそのヒントは、記・紀の成り立ちにあるはずだ。

『日本書紀』が当初から国書として認知されていたのに対して、『古事記』は平安時代中頃まで、天皇家の奥深くに秘匿されていた。

　ヒルコの真相はそのことと関わりがあるのではないかと私が考えるようになったのはごく最近のことである。

アマテラスの本名とは

始祖神による最初の子が不具になるという神話は世界的に共通のパターンで、ヒルコについての多くの論考がそれを指摘している。しかし、日本神話の場合に本当にあてはまるのだろうか。

『古事記』では確かに第一子なのだが、実は『日本書紀』ではヒルコは第三子となっている。だから、流布しているこの説は日本神話にそのまま応用するわけにはいかない。ヒルコの誕生順位は、記・紀において共通認識とはなっていないのだ。

それでは『日本書紀』においてはどのタイミングでヒルコは生まれるのか。こちらでは女神先唱でも子は生まない。倫理観主導にはなっていないのだ。ただし、ただちに男神先唱でやり直して、そこで初めて第一子が生まれる。

「子を産む時に及んで、先ず淡路の洲を以て胞（え）と為す。意（こころ）に不快（よろこびざる）ところなり。ゆえに名は之を淡路の洲という。」

胞（え）は胎盤のことで、生み損ないを意味する。だから「不快」で、「吾恥（あはじ）」と名付けたと解釈する。女人先唱ではないのだが、第一子はやはり「生み損ない」であった。

淡路島の方々にはお気の毒としか言いようがないが、『日本書紀』ではそのように書かれており、その後江戸時代に『古事記』が注目されるようになるまで、これが日本の建国の基準であった。

先ほど述べたように、『古事記』は平安時代中頃まで天皇家の奥深くに秘匿されていて、広く知られるようになったのは江戸時代になって本居宣長が『古事記伝』を上梓してからのことである。

淡路島は古来「幽宮（かくりのみや）」と呼ばれて、特別な位置付けになっている。

幽宮とは、イザナギ神が亡くなられて、この地に「かくれた」からである。

その地には伊弉諾神宮が祀られて、淡路国一宮（いちのみや）とされ、旧官幣大社（かんぺいたいしゃ）である。わが国最古の神社の一つであり、ここはイザナギ神の墓陵と伝えられている。

（＊一宮というのは国単位で第一の地位にあった神社のこと。官幣大社というのは明治政府の定めた社格制度・官幣社国幣社の最上位にあった神社のこと。つまり、伊弉諾神宮はそれほどに高い地位にあるということ。）

▼伊弉諾（いざなぎ）神宮　〈通称〉一宮（いっく）さん、一宮（いちのみや）皇大神宮、津名（つな）明神　兵庫県津名郡一宮町多賀（旧淡路国津名郡）

【祭神】伊弉諾大神　（配祀）伊弉冉大神

第一子の淡路は生み損なったが、その後は順調に生み続け、大日本豊秋津洲まで大八洲国を生む。

ここまでが「国生み」である。つまり日本の国土を誕生させたというわけだ。

そして続いて今度は「神生み」をおこなう。

「吾、大八洲の國及び山川草木を生めり。なんぞ天の下の主たる者を生まざらんや。

ここに共に日の神を生みまつる。大日孁貴と號す。（略）

次に月の神を生みまつる。（略）

次に蛭児を生みまつる。三歳になるまで脚なお立たず。故に天磐櫲樟船に載せて順風に放ち棄つ。

次に素戔嗚尊を生みまつる。（以下略）」（書き下しは著者）

国土が完成したから、次はそれを統べる神々を生もう、という訳である。

神生みの第一子は、日の神。その名を大日孁貴という。

一般の方々には聞き慣れない神名と思うが、天照大神のことだ。実は書紀の本文では天照大神と記されることはない。あくまでも大日孁貴なのである。

日の神の名はオオヒルメノムチであるが、読み方は万葉仮名で注記されている。「於保比屢咩能武智（オホヒルメノムチ）」と。したがって「日孁」が「比屢咩」である。「ムチ」は尊号であるから、「オオヒルメ」が神名だ。

なお、ここに使われている「孁」という文字は、和製である。つまり漢字ではなく和字である。これまでの研究では、おそらくは書紀の編纂者がこの神名を記すためだけに作ったものであろうとされている。現存する文献で他の使用例は皆無である。

孁は、「霊」の旧字である「靈」の下部分「巫」を「女」に入れ替えた作字である。「巫」は「フ」「カンナギ」と読んで巫女（みこ）すなわち女性の神職を意味する。したがってわざわざ「女」という文字と入れ替えなくとも意味は変わらない。とすれば、作字の目的は大日孁貴という神名を唯一無二のものとするためと考えられる。

そして、ここに注意書きが付けられている。「大日孁貴と號（もう）す。」の後に「一書（あるふみ）にいわく」ということで、本文とは異なる伝承を掲載しているのだ。

「一書によればその名は天照大神という」と。

驚くなかれ、私たちが最高神の名として認識している「天照大神」は異説なのだ。異説として脚注に紹介される呼び名なのである。

『日本書紀』は当時の国家の意思を体している。すなわちこれが元々の朝廷の意向である。『古事記』には天照大神と記されるが、『古事記』そのものが陽の目を見るのは、平安時代も半ばを過ぎてからである。

とすれば、大日孁貴こそが正統な呼び名であって、天照大神は正統な呼び名とは言えない、ということになる。これは『古事記』をどう評価して、どう位置づけるかに掛かっているのだが、それはまた後ほど述べたい。ただ少なくとも、『日本書紀』は朝廷の公認であるが、『古事記』は必ずしもそうではなかったとだけ指摘しておきたい。

なお、右で本文を一部省略しているのは、それぞれの神の属性についての説明部分であるが、それでも蛭児のみは属性の説明がない。その代わりに、棄てた理由と、棄て方が記されている。役割もないままに棄てられた哀れな子、であるかのようである。

ところで『日本書紀』には、このような「一書」という異伝が頻繁に登場するのだが、これは書紀を編纂するにあたって多くの伝承を参照したという事実を明示するものである。

採用している「一書」の数は、項目によってまちまちであるが、神代巻全体で五十八に及ぶ。

なかでもアマテラスからスサノヲ誕生についての参照が最も多く、ここだけで「一書」の数は十一に達している。

いかに「異説」が多かったか、その証であろう。

また、第一の一書には、伊奘諾尊（イザナギノミコト）が白銅鏡を持った際にアマテラスが生まれているのだが、伝聞では伊勢の内宮の御神体である八咫鏡は白銅鏡であるという。とすれば、この一書とは神宮関連のものかもしれない。

このように、一書の伝承は各氏族や各神社などに伝わる家伝の類、あるいは渡来の文書等と思われるが、そのほぼすべては失われていて残存しない。

書紀が成立した時点で処分されたのか、それとも単に散逸紛失しただけなのか今となってはわからないが、いずれにしても参照したという事実のみははっきりしていながら、その現物は一つとして特定されたものはないことになっている。

ちなみに国生みの段においては、実に「一書」が第十まで挙げられていて、いずれも出典資料名は明示されていないが、異伝が十件はあったということである。

しかもそのほとんどは微妙な差異であって、編纂にあたってこれほど厳密な比較がなされたことにむしろ驚かされるほどである。

『日本書紀』は、それほど細心の注意をもって厳格に検証し編纂されたのだと、このことは示唆している。安易に「書紀創作説」を掲げるべきではないと私が考える理由の一つでもある。

ところでその十件の一書のうちの第六の一書にのみ、前述のような「天照大神」という表記がある。

また、その天照大神誕生のくだりは、イザナギが黄泉の国から帰還した直後に禊をおこない、その時に生まれる。

つまりイザナギ、イザナミ二神によって生むのではなく、イザナギ一神から生まれるのだ。そして次にツクヨミ、次にスサノヲ——これで三貴子誕生である。ヒルコはここには登場しない。

これは他の所伝とはまったく異質な伝承と理解すべきだろう。つまり別の「系譜」である。

そしておそらく、この第六の一書とは『古事記』（あるいはその原典）のことであろうと私は考えている。そしてこの一書のみが、宮中深く秘蔵されて残された。他の一書はすべて消え失せたことを考えれば、そこにはそれだけの理由が当然あるだろう。

『先代旧事本紀』（旧事紀）のヒルコ

ちなみに『先代旧事本紀』——『旧事紀』と称することもある——でのヒルコのくだりも確認しておこう。

第一の登場。

「陰陽始めて遘合し、夫婦となりて児を産む。

即ちこれ水蛭子なり。

この子を葦船に入れて流しやる。」（第一子の出産）

第二の登場。

「次に蛭兒を生む。
すでに三歳になるといへども脚なほ立たず。
初めに二神が柱を巡りたまひし時に、陰神先づ喜言を発ぐ。
すでに陰陽の理に違へり。
所以に初終にこの兒を生む。
次に鳥磐橡樟船を生む。
即ちこの船を以て、乃ち蛭兒を載せて流し放ち棄つ。」（第四子の出産）

という次第で『先代旧事本紀』にはヒルコの誕生が二度ある。

『先代旧事本紀』は記・紀に匹敵する重要文献であると私はとらえているが、正当な評価をされてこなかった歴史がある。

先行史書参照の折に生じたと思われる、いくつかの齟齬が見られるゆえに、後世の偽書とされた。

そのために資料価値を認められず、長く存在自体を黙殺されて来た。

とくに江戸時代後半に、ちょうど『古事記』が評価されるようになったのと交代するかのように評価は貶められた。その齟齬の一つが神生みにある。

イザナギ、イザナミ二神の第一子としてヒルコを生んだ、と記される。これは『古事記』と同じである。

しかしまた、二神は三貴子（アマテラス、ツクヨミ、スサノヲ）に続いて第四子としてヒルコを生んだ、とも記される。『日本書紀』の「第三子」と微妙に異なるが、系統はこちらに近い。

つまり、古事記タイプの神話と日本書紀タイプの神話が前後して記されているのだ。これを解釈して、第一の登場は『古事記』からの引用とし、第二の登場は『日本書紀』からの引用とするのが現在のところでは通説となっている。

ちなみに、鎌田純一氏の労作『先代旧事本紀の研究　校本の部』において、記・紀および『古語拾遺』から、どの部分が引用であるかほぼ全編に亘って照合され、以来これが研究者の共通認識になっている。

私もその主旨には基本的に同意する。とくにヒルコのくだりでは、第一では「水蛭子」と表記し、第二では「蛭児」と表記する。これはまさに記・紀と一致するものだ。

ただし、まったく同じではないので「引用」とは私は考えない。

鎌田氏の指摘のように一致していることは確かだが、だからといって記・紀のほうが先で、『先代旧事本紀』のほうが後だという論理は成立しない。

なぜならば、三書ともに「写本」であって、原本ではないからだ。また、三書以前に存在したことが確実な『天皇記』『国記』などや、『日本書紀』に登場するいくつもの「一書」もすべて失われているため、はたしてどれが引用で、どれがオリジナルなのか、判別は困難だ。

つまり、記・紀も『先代旧事本紀』も、いわば〝平等〟であって、（神話篇については）いずれも引用による成り立ちと考えることが可能である。

それゆえに、記・紀に対して『先代旧事本紀』のみが「引用」とされるのは不当というものだろう。記・紀も、編纂に際して参照した元の資料があるのは自明のことである。とすれば、『先代旧事本紀』もそれらの元資料を取り込んだと考えても良いだろう。

水蛭子は葦船に乗せて、蛭兒は鳥磐櫲樟船に乗せて流している。

二度の登場、しかも表現が不統一ということで、これを不整合の重複記事として『先代旧事本紀』が信頼するに足りない根拠ともされている。

しかしはたしてそうなのだろうか。

『古事記』では第一子であったが、『日本書紀』では第三子である。

しかし『先代旧事本紀』では、国生みの第一子であり、神生みの第四子である。

似ているようで、実はまったく別なのではないか。

私たちは、まず初めに記・紀ありき、で考えるから、記・紀に似ているとするのであって、記・紀も多くの古い伝承を参照して編纂されたものであり、記・紀より以前に「参照された資料」が多くあったことは明らかである。しかし現在それらはまったく残っていない。

であるならば『先代旧事本紀』もそうであって何の不思議もないだろう。失われた古い伝承を、記・紀も『先代旧事本紀』も参照したのだ。

失われた歴史書

それでは、記・紀の前にはどのような歴史書があったのか。前後を含めて時系列で列挙してみよう。

日本の古代史研究のための文献資料といえば「記・紀」と総称されてあまりにも有名な『古事記』と『日本書紀』がまずあって、一般の人たちには、この前後には文字で書かれたいわゆる文献資料は存在しないと思われているのではないだろうか（「偽書」を除く）。しかし実は、そうでもない。成立年順で見てみると以下のようになる

（＊年代は便宜的に西暦で記す）。

不詳　『日本旧記』
六二〇年　『天皇記』
　　　　『国記』
　　　　『臣連伴造国造百八十部幷公民等本記』（おみむらじとものみやつこくにのみやつこももあまりやそとものをあわせておおみたからどものもとつふみ）（国造本記）
六八一年　『帝紀』
　　　　『旧辞』
六九五年　『伊吉博徳書』（いきのはかとこ）——ここまで飛鳥時代
不詳　『上宮記』
七〇八年　『粟鹿大神元記』（あわがおおかみのもとつふみ）
七一二年　『古事記』
七二〇年　『日本書紀』（日本紀）
七三一年　『住吉大社神代記』
七三三年　『出雲風土記』
七四六年　『穂積三立解』
七五九年　『万葉集』
七八九年　『高橋氏文』
七九七年　『続日本紀』

七六〇～七六二年　『藤氏家伝』
八〇七年　『古語拾遺』
不詳　『先代旧事本紀』（旧事紀）

『日本旧記』から『旧辞』までは歴史書であって、かつて存在したことは間違いない。しかし、残念ながらすでに失われているものだ。

記・紀はこれらをベースにしていると考えて間違いない。

『伊吉博徳書』は、遣唐使に随行した伊吉博徳（いきのはかとこ）の手記・紀行文で、『日本書紀』にも数カ所引用されている。

『粟鹿大神元記』は、粟鹿（あわが）大明神の由来などを記したもの。『住吉大社神代記』とともに、神社・神道系の資料としてはきわめて重要なものだ。

『上宮記』は、成立年は確定しないものの、表記法などからすでに七世紀には成立していたと考えられている。鎌倉時代末まで伝存していたことは確認できるが、その後失われ、逸文が『釈日本紀』などに残っている。

記・紀以後にも貴重な文献が続く。『穂積三立解』は、いくつかの重要な記述があるものの、皇后の写経などについての記録である。

ただ、これらの書は限られた事柄についての記述であるため、記・紀とは位置付けがだいぶ異なる。記・紀を補って余りあるのは、やはり『出雲風土記』『万葉集』そして『古語拾遺』であろう。日本の古代史は、これらの文献資料を元にして研究されている。それ以外には考古学資料と、『晋書』『魏志（倭人伝）』などの中国側資料が参考としてわずかにあるばかりである。

『日本書紀』に引用されている百済三書（『百済記』『百済新撰』『百済本記』）は六世紀後半に成立したものと考えられているが、残念ながらこれらも現存しない。

なおこれ以外には朝鮮半島に古文献はなく、十三世紀になってようやく現出するばかりである。

したがって、日本の古代史を語るために朝鮮の記録に依拠したかのようにおこなうのは信頼に足るものではない。偽書に基づくものか、ためにする偽証である。いわゆる漢籍、つまり中国の古文献が紀元前から存在するので、あたかも朝鮮にもそういった古い文献が存在するかのように語られる機会を時折見るが、単なる無知に基づく虚言にすぎない。

その漢籍では、前一四〇年頃成立の『淮南子』、前九一年頃成立の『史記』、八二年の『漢書』、二九〇年の『三国志』、四三二年の『後漢書』、などが参照されているが、これらについては照合されて、参照部分も判然としているが、少量である。

これらのことからわかるのは、少なくとも『日本書紀』に関しては、主軸となっている記述が『日本旧記』『天皇記』『国記』『国造本記』『帝紀』『旧辞』の六書に基づいているということだろう。ただしこれらは勅撰であるから「一書」ではない。国書は新たな国書に基本的には継承されていなければならない。

なお、『日本書紀』に、その八年前にすでに完成しているはずの『古事記』についての記述はまったくない。

『先代旧事本紀』は偽書ではない

それにしても『日本旧記』から『旧辞』までの「記・紀以前の歴史書」が現存すれば、とは誰しも思うところだろう。

とくに六二〇年に成立した『天皇記』『国記』『国造本記』の三書は、蘇我馬子と厩戸皇子によって編纂されたと公式に記録されており、三分冊という整理された形を採用していることからも、一貫した編纂方針によったであろうことが推定される。歴史書としての完成度は『日本書紀』の前身と考えるに不足はない。

しかし残念なことに、これらは乙巳（いっし）の変の際に、蘇我の邸宅とともに焼失してしまったとされている。

ただ、その際に『国記』のみは、船史（ふねのふびと）恵尺（えさか）という者がすばやく持ち出し、中大兄皇子に献上したと記されている。しかし現存しない。「記・紀」にそれらしき逸文・

欠篇がないことはないのだが、復元できるほどのものではない。

ところがここにその原型とおぼしきものがあると私は考えている。

それが『先代旧事本紀（せんだいくじほんぎ）』である。

成立年不詳であるが、近年の安本美典氏の研究などによれば、八〇七年から八三三年の間とされている。本説に敬意を表して右の一覧では『古語拾遺』の後に挙げておいた。

しかし私は、この説に与（くみ）しない。近年『先代旧事本紀』見直しの機運が高まっているのはまことに結構なことなのだが、安本氏も含めてその大前提が「序」を除外することにある。「序」は後世に別人が書き加えたものであって、これが偽書説の根拠になっているとする。したがって「序」を排除すれば、基本的な矛盾点は解決できるとしている。

さらに、『先代旧事本紀』は、記・紀および『古語拾遺』などから引用あるいは参照することで、つぎはぎで成り立っているとする。

鎌田純一氏はその研究書において、どの部分が記・紀および『古語拾遺』と重なるかを全編に亘って克明に照合した。それはたいへんな労作で、その成果を私は否定するものではない。

むしろその事実こそが、『先代旧事本紀』の真相を解き明かす最大の手掛かりであると私は考えている。

本書では「ヒルコ」に関わる面での検討に限って採り上げるが、先に記した水蛭子と蛭兒の差異こそはそれによって判明することになる。

なお、いずれの説にも私が与しないのは、そもそも論拠が、『先代旧事本紀』の原典（写本ではなく）が記・紀より後発であるという先入観が問題なのだ。『先代旧事本紀』そのものの検証については機会をあらためておこなうつもりだが、少なくとも私は偽書説は採らないとここに明言しておく。

ヒルコは日本神話から排除されたか

ヒルコを祭神とする神社は、全国に六八七社余ある。これらはあくまでも祭神に「ヒルコ」の神名を掲げているものである。その祭神名を閲覧してみよう。

▼ヒルコを祀る神社の「祭神名」表記一覧

夷子神
夷子大神
御子蛭兒神
水蛭子命

水蛭命
水蛭兒
水蛭兒命
天蛭子命
比留古命
蛭子
蛭子神
蛭子尊
蛭子大神
蛭子大明神
蛭子之神
蛭子之命
蛭子姫之命
蛭子姫命
蛭子命
蛭兒神
蛭兒尊

蛭兒命
蛭兒大神
蛭兒之神
蛭兒之命

記されていないが、「蛭子姫」という表記があるのは、オオヒルメとの混同と思われる。ヒルコに性別は「夷」以外では「蛭」の文字を用いていないのは、本書で示した論理からも男性神であることは明白だろう。「比留古命」のみだ。

▼大日霊女（おおひるめ）神社　石川県鹿島郡中能登町大槻
【祭神】天照大御神　比留古命　應神天皇

神社由緒に「崇神天皇の御代に勧請されたと伝えられる。明治四十年無格社西之宮神社、八幡神社を合祀する。」とあるから、「比留古命」は合祀された西之宮神社の祭神であったということだろう。

ただ、そうならば「蛭子」か「蛭兒」となるはずで、「比留古」の字を用いているのは別の意志があったのかもしれない。

なにしろ、第一の祭神は天照大御神としているが、社名はオオヒルメ神社である。もちろん天照大神の本名はオオヒルメで、第二の祭神がヒルコなのだ。いうまでもなく「オオ」は単なる修飾にすぎない。


ヒルコの別名とされるエビス、コトシロヌシとして祀る神社はこれとは別に存在する（一部重複）。エビスは戎神、恵比須命、胡神などの表記があって、その名で祭神としている神社は全国に一七〇社余。

コトシロヌシは事代主神、言代主命などの表記で祭神としている神社は全国に三三八〇社余ある。

なお、ヒルコの別名という説もあるスクナヒコナは、少名彦名命、少名比古那神などと表記するが、こちらも三三六〇社余で、奇しくもコトシロヌシとほぼ同数である。ちなみに神社神道の歴史が短い北海道だけで一〇〇社を超えるのは、移住者による開拓の歴史が、祭神の由来に通ずるゆえであるだろう。

なお余談になるが、コトシロヌシとスクナヒコナについての信仰はどのようなものか一般には馴染みがほとんどないと思うが、その神社の数の多さは尋常ではない。ある時代において特別に信仰の広まった理由があったのだと容易に想像される。

その神の由来・事績を辿ってみるとその時代の歴史の様相が見えてくるので、実に興味深い現象だ。

これらの別名も、もしヒルコ信仰であるとするなら、全国で七〇〇〇社以上にも及ぶ神社が存在することになるー

【祭神名による神社の分類】

蛭兒神、水蛭子命など――――六八七社余

戎神、恵比須命、胡神など――一七〇社余

事代主神、言代主命など――三三八〇社余

少名彦名命、少名比古那神など――三三六〇社余

ここに挙げたのは神社のみであるが、一部は重複し、また周知のようにこれ以外にも多くの寺院でも信仰されている。

圧倒的な多数に上るが、ただ、これらの事実は、ある種の「混乱」をも示唆している。由来が定かでなく、解釈の幅があるものについては同様の傾向になりやすいのだが、その象徴ともいえるのが「エビス信仰」である。

中心となっているのは兵庫県の西宮神社だ。

関西では「えべっさん」の通称で親しまれており、「福男」の駆け足競走は毎年ニュースでも採り上げられるので全国的にお馴染みかもしれない。

▼西宮（にしのみや）神社〈通称〉えべっさん　兵庫県西宮市社家町
【祭神】西宮大神（にしのみやのおおかみ）（蛭児大神）　天照皇大神　大國主大神　須佐之男命

鎮座は平安中期か。大社としては新しい部類に入る。
「創建年代は不詳だが、平安時代末期には篤く信仰されていたことが古記録によって確認され、広田社摂社であった。祭神は海から出現した『夷三郎殿』と称され、海を司る神として信仰された」（『神道事典』）
「当社はすでに平安時代に当社地に鎮座されていたことは、境内より出土の蓮華文古瓦により明証され、また『伊呂波字類抄』を徴しても明らかである」（『神社辞典』）

エビス神となったヒルコ

ヒルコは、子の数に入れられなかった哀れな神、海に流されて棄てられた神として特殊な信仰を育むことになるのだが、『古事記』でも『日本書紀』でも、流されて以後のヒルコの消息については何も記されていない。

ヒルコの「その後の神話」は後世の創作である。

それは、『太平記』に「蛭子と申は、今の西宮の大明神にて坐す。」とあるように、兵庫県西宮市の「戎神社」を本宮として広く信仰されるエビス神として再生したとされる。

現在では、ヒルコが「海に流された」とする神話の記述から、「波に運ばれて漂着した神」という捉え方がなされて、漂着物信仰と接続し習合されたものと解釈されている。

弘安年間（一二七八〜一二八八）に成立した『古今和歌集』の注釈本である『古今和歌集序聞書三流抄』（以下『聞書』と略す）に次のような記述がある。

「蛭子ト申ハ、二神ノ三男也。是ハ火神也。火ハ礼也。礼ハ物ヲ敬フ義也。

今、是ノ蛭子生レテ骨無シテ練絹ノ如シ。

二神是ヲ海ニ打入玉フ。

龍神是ヲ取奉テ天神ノ御子ナレバトテ養子トス。

三歳ノ時、始テ足、手、目、鼻出ル。（中略）

其後、蛭子兄ノ天照太神ノ御前ニ参リタリ。

太神の『親ニ捨テラレ玉テト位ノ龍神ガ子トナレリ。サレバ、汝ハ下主ヲ守ル神ト

ナレ』トテ、
今、津ノ国西ノ宮ニ頌セラレテ夷三郎殿ト云ハル。
是ハ二神ノ次三郎ナル間、三郎ト云。是ハ火神、南ヲ司ル神也。」

古今集注釈本の解説に異端の説を記すとは思われないので、ここに記されている内容は、この時代の知識人にとってはある程度常識となっていた解釈なのだと思われる。

西宮の神が、別名「夷三郎（えびすさぶろう）」と称される謂われがここに記される。

――ヒルコは海に流されてから龍神にひろわれて養子となった。そして成長して後に、兄のアマテラスのもとに参内した。

アマテラスはヒルコにこう命じた。

「おまえは親に捨てられて、下位の龍神の子となった。だから、民を守る神となれ」

そして西宮に鎮まって夷三郎と呼ばれるようになった。


ただ、この内容は、私たちの今の常識とは異なる部分がいくつかある。

文中の初めの「二神」とはイザナギ、イザナミのことで、その三男であると記されている。

また、最後の「二神」とはアマテラス、ツクヨミのことで、それに次ぐ三男であるという。

つまり、ここでも第一子ではなく、第三子になっている。『古事記』神話ではなく、『日本書紀』神話が基準になっている。

しかも成長したヒルコが「兄のアマテラス」に挨拶に来たというのだ。

兄ということは、アマテラスが男神？——そういう異説は中世に発生して、一部には信じられた。その結果、髭を生やしたアマテラスの神像なども散見される。

しかしこの説に根拠はない。伊勢の内宮（皇太神宮）の当初からの伝承を見ても、また社殿の構造——千木（ちぎ）・鰹木（かつおぎ）——からもアマテラスが女神であることを疑う余地はない（後述）。

『聞書』でも、ここのくだり以外ではアマテラスを女神として記している。

にもかかわらずここで「兄」と記しているのは、ひとえに西宮大神の別称である夷三郎の謂われを説明するためである。アマテラス、ツクヨミが共に男神でなければ「三男」にも「三郎」にもならないからだ。『聞書』は、前提となる事実を度外視して三郎説を述べたのだ。

その上で、龍神に育てられたから下位の神となってしまい、アマテラスから命じられて西宮の神になったという由来である。——しかし前提が誤っているのだから、その由来自体が怪しいことになる。

『聞書』は記・紀から五百年ほど後に成立した文献で、この間にヒルコ神話は独自に発展し、大きく変質したことがわかるだろう。

右に紹介したような夷三郎と呼ばれるようになる経緯は、むろん後付けの産物である。『福神』の編著者である喜田貞吉は、そもそも「夷」と「三郎」は別の神であったことを指摘しているが、民俗信仰は多かれ少なかれこのような変遷がある。

千木・鰹木が示す重要な意味

余談になるが、「千木・鰹木」が祭神の性別を表すと述べたので、これについて少し解説しておこう。

難しい文字ではないのだが、一般にはまったく馴染みのない特殊な言葉だ。これは神社建築に主に使われる用語だ。

千木は、神社の屋根の両端にX字形に交差して天に向かってそそり立っている軸木のこと。鰹木は、神社の屋根の頂に並んでいる鰹節のような形の木片である。

神社建築には多くの種類があるが、千木・鰹木の両方あるものが古い様式とされている。

代表的な社殿には出雲大社（大社造）や伊勢の神宮（神明造）があるが、寺院に影響を受けた後世の社殿でも、千木や鰹木を組み込んだものが少なくない。これは神社建築の象徴であり、重要な記号である。

その起源にはいくつかの説があるが、元々は単純に構造や機能に由来したものだろう。千木は、屋根の枠木がそのまま切り落とされずに残ったものであろうし、鰹木は、重しであったのだろう。いずれにしても淵源のわからないほどに古い成り立ちだ。

また、すでにそういった構造や機能からは独立した意匠・デザインになっている。絵画や模型などで神社を描く時には、これさえ守ればそれらしくなるほどだ。

しかしこれは、実は単なる意匠・デザインではない。そこには重要な意味が込められている。これこそは古代人からの暗号・記号(サイン)である。文字さえもなかったような古い時代の人々からの重要なメッセージがここにある。

ここから少々専門的な話になるのだが、どうぞご容赦願いたい。

千木には二種類ある。内削ぎ(うちそ)と外削ぎ(そとそ)、である。

先端を水平に削るのが内削ぎ、垂直に削るのが外削ぎだ。

内削ぎの千木が聳える社殿には、女神が祀(まつ)られている。

外削ぎの千木が聳える社殿には、男神が祀られている。

古代の人々は、いかなる理由によるかはともかく、そう決めたのだ。そのルールによって、以来二千年以上に亘って神社は建築されてきた。

そして鰹木にも二種類ある。

偶数と奇数である。偶数は女神、奇数は男神を祀る。

したがって、内削ぎの千木には鰹木は偶数本であり、外削ぎの千木には鰹木は奇数本であり、それは社殿の大原則である。

出雲大社は、外削ぎ・奇数であるから祀られている神は男神である。

伊勢の内宮は、内削ぎ・偶数であるから、祀られている神は女神である。

そして伊勢の外宮は、外削ぎ・奇数であるから、祀られている神は男神、ということになる。――さて、それでは外宮の祭神はいかなる神か？　それぞれの祭神は誰にでもわかるのでどうぞ確認してみてもらいたい。とくに外宮については不思議な思いをいだかれるかもしれないが、それについてはここでは書かない。いずれ別の機会に詳述することがあるだろう。

これは古代から届いた私たちへのメッセージだ。他にもまだ重要なメッセージが千木・鰹木には込められているのだが、余談が過ぎるのでそれはまた別の機会に。

なぜヒルコ神話とエビス信仰は習合したのか

ところで民俗信仰は由来のはっきりしないのがむしろ通例で、素性のはっきりしているものが特別であると言っても良いだろう。

仏教のようにその始まりがはっきりしているものでさえ、長年月の間には変質変容する。

日本においてはこの傾向はとくに顕著だ。独自性を競うかのように分派して行く傾向はわが国の宗教の特質なのかもしれない。

しかも、原型や元々の由来がいかなるものであったのか不分明になるほどに、固有の発展を重ねて行く。

エビス信仰はそういった事例を代表するものであるだろう。

そもそも日本の沿岸地域では、未知の彼方からやってきた漂着物を手篤く祀ることによって、福神として信仰するという習俗がある。

ちなみにカレーライスなどの副菜でお馴染みの「福神漬け」は、浜辺で拾い集めた様々な具材を一緒にして漬け込んだことに由来して「福神」の名が付いているようだ。海の彼方からは「福」がもたらされる、あるいは「福の神」がやってくる、という信仰に由来している。

漂着神や外来神の原型は、鯨や鮫などの勇魚が浜に打ち上げられるもの。これを皆で分け合い、一時の「福」を得る。神から福を与えられたということで「寄り神信仰」につながって行く。

漂着物の中でも最も大きな事件は水死体である。海辺で暮らす者は、突然漂着する水死体に出くわすのは宿命のようなものだ。

そして水死体は、いわば漂着物の頂点に君臨するものだ。異様なまでに変形した人体はすでにこの世のものではなく、常世の国から流れ着いた神として手篤く祀られた。

水死体の異称がエビスであるところから、エビスは福をもたらす神とされるようになる。海に流し棄てられたと神話に語られているヒルコ神を、流れ着いた水死体のエビスに習合するのは自然の成り行きとも考えられる。

海に囲まれた日本には、この現象が文字通り全国津々浦々に伝説として見ることができる。エビス信仰が、もともとは海辺に特有のものであるのはこうした理由によっている。

エビスをコトシロヌシと習合させるのも、同様に海との関わりからだ。国譲り神話の中で、コトシロヌシが釣りをしていたことを象徴的にとらえて、エビスに習合したというのが定説になっている。

しかしこれらの〝定説〟は、実は「ヒルコとエビスは無関係」「コトシロヌシとエビスは無関係」と言っているに等しい。

そもそも「海に流された神」がいたから、「海から漂着したエビス」がそれであるとは単なる短絡というもので、まして「釣り」での連想は、なんと安直な発想であるだろう。

エビス信仰は、多様な側面、多様な要素を併せ持つから、そういったことが一部として組み込まれて補強材料になったことはあるだろう。

しかしその程度の共通点が本質になり得ないことは言うまでもない。この定説を採用する者は、民俗信仰を侮っていると言われても仕方がないだろう。民俗信仰を、ただ素朴で原始的とばかり決めつけるのは侮辱というものではないのだろうか。ましで、これほどに深く広く長く信仰されて来たエビス信仰の本質は、その程度に曖昧模糊としたものではなく、これとは別に「秘して語らぬ理由」があったと考えるべきではないのか。少なくとも私はそこから発想した。

その理由とは「血脈」である。ヒルコとエビスは元々血脈でつながっているのではないのか、と。

エビスは、なにゆえにヒルコ神と習合したのか、本書では新たな解釈を提起したい。エビス信仰の担い手たちと、ヒルコ神とは、深い関わりがあるはずで、それは単なる「連想」や「思いつき」のレベルではないのではないか。その手掛かりは「海」である。

海人族（あま）

かつて海は陸上よりもはるかに発達した交通路であった。とくに日本では四方を海に囲まれているだけでなく、瀬戸内海という穏やかな内海を抱えていることで、その一帯は一つの交流圏であった。政治的にも経済的にも一体である。そしてその主導権を担っていたのは海部（あまべ）である。

海部とは、その名の通り元々は「海の仕事に携わる人々」のことで、漁業および操船航海術によって朝廷に仕えた品部（しなべ）の一つだ。

記・紀の応神朝に「海部を定めた」とあるところから、対朝鮮半島の水軍兵力として、とくに海人（あま）を組織することが求められたからと思われる。

全国各地の海部を朝廷の下で伴造（とものみやつこ）として統率する役割を果たしたのは、同族の阿曇連（あづみのむらじ）や凡海連（おおしあまのむらじ）であった。

「あづみ」は「あまつみ」の転訛で、本来は「海人津見（あまつみ）」であろう。つまり、海人族の監督者である。

阿曇連や凡海連も渡来系の氏族であるが、いってみれば海人族とは海洋民族のことである。したがって、基本的に陸地民族とは異なる規範を持っている。

とくに古代においては、陸上の道よりも海上の道のほうがはるかに利便性が高く、これを特権的に利用活用する海洋民族は、地理観やスケール観もより巨視的で、ある種の国際性を先天的に身に付けていたと思われる。

陸がつながっていなくとも、海がつながっていれば一つの経済圏であるというのは、一種の国際性であるだろう。

ある時期、海人族は世界各地に雄飛するが、陸地の政権との軋轢から分断と定着を余儀なくされる。

日本においても同様で、「あま」の音に因む地名が全国の沿岸地域に数多く残っているのはその名残だろう。

こうして海人族が、古代から日本文化に深く関わっていたのは間違いない。なかでも品部の呼び名がそのまま氏の名となっている海部氏は、文化史の上でもよく知られている。

丹後の籠神社（このじんじゃ）は、海部氏が代々宮司を務めるものだが、『籠名神社祝部海部直等之氏系図』（こみょうじんじゃはふりべあまべあたいらのうじけいず）（通称「本系図」）、『籠名神宮祝部丹波国造海部直等氏之本紀』（こみょうじんぐうはふりべたんばくにのみやつこあまべあたいとうじのほんぎ）（通称「勘注系図」）という家系図によれば、海部氏の祖神は天火明命（アメノホアカリノミコト）（彦火明命（ヒコホアカリノミコト））であり（『日本書紀』）、丹後・籠神社の祭神である。

海部氏は、古代よりその丹後一帯を支配域とする海人族であるとされるが、同祖同族は長い間に広く各地に勢力を得た。なかでも籠神社の海部氏は、丹後国の国造であり、国造家であるからこそ宮司家でもあった。

同族の尾張氏も尾張の国造となり、熱田神宮の大宮司家を代々務める。

また津守（つもり）氏もその地の有力者であり、住吉大社の代々の宮司家である。

その地の最大の有力氏族が祭祀家でもあるというのは、早くも古代には定着していたので、海人族が各地で実力者として定着したことがよくわかる。

夷三郎の誕生

海部(あまべ)の一族は応神天皇の御代に渡来した呉人に発する。ルーツは中国江南である。海部はその名の通り、古より水運と水軍を統括して発展してきた一族である。東は常陸、安房から、西は筑紫、日向に至るまで、千年余にわたって海の上のことはすべて海部のものであった。

しかし渡来の一族であるところから、この国の「陸のこと」には関与せず、ひたすら「海のこと」に徹してきたのだが、そのことでかえって集約されて特別な力を持つことになったのは皮肉であった。

どこの国でも統治者の条件は三つとされる。すなわち、軍事と経済と宗教である。奇しくも海部はそれら三つを得ることとなってしまった。瀬戸内や紀伊の水軍はわが国の歴史を大きく左右することになる。

また、海運による利益は、時の政権から常に注視され、しばしば権力獲得・維持の源泉となった。

そして海浜部の土地に居着く一族の者は国造となり、産土(うぶすな)社の宮司や祝(はふり)となる。

先に紹介したように、尾張の熱田神宮には尾張氏が、丹後の籠(この)神社には海部(あまべ)氏が、摂津の住吉社には津守(つもり)氏が宮司家となっている。いずれも海部の一族だ。

また三社とも本来は海の守護神であるが、やがては広く信仰を集める大社として宗教上の権威となっていった。

しかし海部はあくまでも渡来人である。

したがって、氏祖神として祀る神に天神を戴くわけにはいかない。

熱田神宮も籠神社も住吉大社も祭神伝承に曖昧な部分があるのはそのためなのだが、ここでは西宮神社を始めとするエビス信仰についてのみ触れておく。

エビス神には神話由来の神格がなかった。

そのため、「水」関連をはじめとするつながりを求めていくつかの神が習合の候補になったのだ。コトシロヌシやヒコホホデミもその一つである。

そして海人族たちは各地でヒルコを選んだ。それが夷三郎である。

本来別々の神であったものが、信仰の担い手の願望によって連結された。

エビス神のみでは天つ神にも国つ神にも入らないが、ヒルコとなれば少なくとも神話に由来する神として列せられる。

ただ、『聞書』に紹介されているように、「格下」の神としてアマテラスの承認を得た形が求められたのだろう。格下を自認することによって、その存在を認められる。

夷三郎としたのも、始祖神の三男とすることで、正統性を持たせる意図があったのだろう。

だから、全国各地のエビス信仰の中でも、その習合神をヒルコとしているところは紛れもなく海人族の定住地である。エビス神は、商業神として広まるよりも古くから、その地では海人族の子孫たちによって祀られてきたものだ。

日本神話のスタンダードは？

あらためて注意したいのは「夷三郎の誕生」は『古事記』に拠っていないということである。右に紹介したように「三郎」という認識は『日本書紀』によるもので、『古事記』ではない。

ということは、夷三郎は『古事記』が秘匿されている間の時代に成立し浸透したということになる。

あるいは、『古事記』の第一子説では都合が悪いので、『日本書紀』の第三子説に拠ったということか。朝廷の『古事記』秘匿理由とも関係があるのかもしれない。

それほどに海部一族はその存在感を増していたのだ。

であれば、古来の「神話」さえ改変を迫られたとして何の不思議もない。

ただ朝廷は、海部に都合の良い『日本書紀』のみを公式に遵法するように仕向けておけば良かったのかもしれない。

日本人の神話観は、歴史的には第一に『日本書紀』によって形成されてきたものだ。

次いで『先代旧事本紀』（旧事紀）の影響があって、中世以降の神話観に寄与している。

『古事記』が日本神話のスタンダードとされるようになるのは、この二書から大きく遅れて、江戸時代も後半に入ってからのことだ。もっぱら国学者・本居宣長の評価によるところが大きい。

明治に入って『古事記』第一になるのも、国学者たちによる復古神道が維新の原動力の一つになったからである。

いまでこそ『古事記』神話がスタンダードであるかのように思われているが、朝廷が『古事記』を秘匿したのは、当然ながら理由あってのことだ。

しかし、その理由が何なのかは今もって判明はしていない。

ただ、それが『日本書紀』と『古事記』の相違点にあるであろうことは容易に推測される。相違点はあまりにも多くあるために、いずれが目途か、また重要度の格差はあるのか等々、解明は難しい。

その中でも、明らかな違いの一つにヒルコ誕生の時差がある。

『古事記』では第一子、『日本書紀』では第三子であることはすでに紹介した。つまり『古事記』が基準になると、夷三郎は成立しなくなるのだ。

蛭子の表記法が示唆するもの

ところで、蛭子、蛭兒は、いずれも「ヒルコ」とは訓読するが、「エビス」とは読まない。蛭は訓読みで「ヒル」、音読みで「シツ」「テツ」。むろん「エビ」とも読まない。

したがって、ヒルコがエビスと習合したのは、神話記述からの連想によると考えるのも無理はない。ヒルコの神名からは、どのようにしてもエビスにはつながらないのだ。

しかし、言うまでもないことだが、すべての神名表記の漢字は後付けである。記・紀のいずれの表記であっても、文書化する際に借りた文字に過ぎない。

そして『古事記』は万葉仮名という漢字の借字法によって「発音」を重視した。『日本書紀』は漢字本来の意味を重視することによって借字をおこなった。手法は異なるが、どちらも借字である。

たとえばお馴染みのヤマトタケルノミコトは次のように記される。

倭建命――『古事記』(七一二年成立)
日本武尊――『日本書紀』(七二〇年成立)

「倭」も「日本」も、ともにわが国の国名であるが、記・紀成立の八年の間に、理由があって変更された。

「ヤマト」という音がまずあって、それに当初は「倭」の字を充てた。これは、漢の朝廷から下賜された文字である。おそらくはみずから「ワ（和・輪）」の国と名乗ったのに対して、「倭」の字を与えられたものだろう。

周辺国を呼ぶのに「卑字」を与えるのは中華思想の常道である。小柄で、なにかといえばお辞儀をする日本人を「矮小な種族」と勝手に決めつけて、矮小の意味である「倭」の字を押しつけたものだろう。

ヤマト朝廷がその本当の意味に気付くのは『古事記』が完成して後であった。だから『古事記』では倭建命と記されていて、『日本書紀』では日本武尊と記されているのだ。

『古事記』のわずか八年後に完成した『日本書紀』では、表題に「日本」を用いていることからも、その自負のほどがわかるだろう。もう「倭」とは呼ばせない、という自負である。

このように漢字はどこまでも借字であって、言葉の本来の意味を探るのであれば漢字の呪縛から解き放たれなければならない。

廐戸皇子が国書に「日本」と記したのは、まさに漢字の呪縛から解き放たれて、「ヤマト」の音に、意味として相応しい「日ノ本」の文字を充てたということである。すなわち漢字表記語の中では「日本」は、数少ない「和語」である。しかしほとんどのヤマト言葉は、漢字を借字して記されている。

したがってヒルコに「蛭」の文字を使っているのも後付けであると考えるべきだろう。

記・紀の編纂方針がそうであったという証左であって、ヒルコの本来の姿を探すためには、「蛭」の文字に惑わされてはならない。「蛭」がイメージさせるものは、記・紀編纂者の誘導である。ゆえあって貶めるための罠である。

ヒルコは本来「蛭」の文字とは無関係であり、むしろ貶めるための卑字として押しつけられたものだろう。さながら、漢の朝廷がヤマトの国に対して「倭人」「邪馬台国」「卑弥呼」のような卑字を押しつけたように。

したがって、むしろ逆を想起すれば本来の姿、その正体に近づけるのではないだろうか。ヒルコは、経歴を隠し、徹底的に貶めなければならないほどの存在であったのだと。

ヒルコという神名の本来の意味を解明することで、ヒルコの正体は明らかになるのではないかと私は考えた。そして実は、その答えがまったく新たにエビスとのつながりを示唆することにもなるのだ。

なお、エビス信仰そのものについては本書ではこれ以上深入りしない。エビス信仰はすでに長い歴史をもって浸透定着しており、すでに専門の研究者によって多くの成果を見ているので、興味をもたれた方はどうぞそちらを参照されたい。

本書の目的は、ヒルコ神話が後々にどのように習合・発展したかを問うものではなく、逆にエビスと習合したのは何故かを解き明かし、ヒルコの源流を求め、その本来の姿に迫ることであり、その血脈は何処から繫がっているのかを解明しようというものだ。それこそは稀有な試みであると自負している。

ヒルコとヒルメの血脈

原点に還ろう。予断抜きに日本神話に向き合えば、水蛭子と天照大神は兄妹である（『古事記』『旧事紀』）。

あるいは、大日孁貴と蛭兒は姉弟である（『日本書紀』『旧事紀』）と言える。

このことに誰も異論はないだろう。

ただここでは順序も文字も原典に即して記したので、多くの読者は違和感を覚えたかもしれない。

それでは、音だけを取ってヒルコとアマテラス、オオヒルメとヒルコ、とすればいかがだろうか。どこまでいっても漢字は借り物であるのだから、その見かけに惑わされてはならない。とくに神名は漢字の呪縛から解放されなければ本来の意味を見失う怖れがある。

アマテラスの本名はオオヒルメであるとすでに紹介したが、「オオ」は修飾語であるので、すなわち名は「ヒルメ」である。

もう一度繰り返すが、ヒルコとヒルメは兄妹であると『古事記』に書かれている。『日本書紀』では姉弟となっている。『先代旧事本紀』には、両方書かれている。いずれにしても同じ親を持つ男女であるということである。

ヒルコとヒルメの意味を解釈するために、他の文字に置き換えてみよう。それぞれの音から発想するもので、古代文化の原点にあるものだ。

▼ヒルコ——ヒルヒコ——昼比古・昼彦——日子
▼ヒルメ——ヒルヒメ——昼比売・昼媛——日女

ヒルコとはヒルヒコであろう。漢字を借りるなら昼彦となる。

そしてヒルメとはヒルヒメであろう。漢字を借りるなら昼媛（姫）。

すなわち日本人の古風な名前に用いられるヒコ・ヒメの語源こそは、ヒルコとヒルメであろう。

古来ヤマト言葉で男子をヒコ（比古、彦）といい、女子をヒメ（比売、媛）というのは、ともに「ヒ」の子であろという意味であろう（姫・比咩も同じ）。すなわち「太陽の子」である。

そしてここで着目すべきは、ヒルコもヒルメも和語すなわちヤマト言葉であるということだ。漢語は輸入された言語だが、それ以前から使われている言語こそはヤマト言葉である。日本では漢字に音読みと訓読みがあるが、訓読みがヤマト言葉に基づいているものだ。

ついでに言えばヒミコの原語であるヒメコ、ヒメミコもヤマト言葉である。「邪馬台国の女王・卑弥呼」は、漢字表記をそのまま受け入れるなら「邪な国の卑しい女王」ということになる。まったくもって侮辱以外のなにものでもない。

中華思想というのは貴字・吉字は自分たち中国についてのみ用いて、他国・他民族には卑字・凶字を与えるという思想なのだ。

このような文字を私たちがありがたがって用いてはならないが、歴史上の用語として時には使わざるを得ないのは無念きわまりない。読者諸兄姉におかれては、どうぞカタカナ（またはひらがな）でヤマタイ国、ヒミコと可能な限り表記していただきたい。みずからの祖先を貶めることのないように心掛けてほしい（正しくはヤマト国、ヒメミコであるが）。

さて、ヒルコはヤマト言葉であるのだから、ヒルコが渡来神ではないことが前提となる。渡来の神仏名は、元が音読みであって、それによって明確に区別できる。

他の神仏名と比較してみるとわかりやすい。仏教を筆頭に渡来の異教は古くからわが国に到来しているが、同時に多くの神仏名も渡来して日本では人口に膾炙（かいしゃ）している。そしてそれらの神仏名の呼称は等しくヤマト言葉とは別の言語によって呼称されているのだ。

道教の神仙である東王父（とうおうふ）と西王母（せいおうぼ）、いずれも音読みである。

天皇大帝（てんおうだいてい）は原音に近いままに受け入れられて定着した。

天皇大帝に由来する天皇は、古くは「てんこう（てんくわう）」「てんおう（てんわう）」と発音されていた。「てんのう」は比較的新しい発音だ。それ以前にはヤマト言葉の「オオキミ」「スメラミコト」などが用いられていたことは言うまでもない。

仏教でもたとえば天部の神、梵天や帝釈天、また持国天・増長天・広目天・多聞天

（毘沙門天）の四天王など、すべて音読みである。正しくは呉音である。漢音は遣唐使が持ち帰って以来のものなので比較的新しい。呉音はすでにそれよりかなり古くからわが国に入っていたようだ。

しかしこれらは、いかに長い年月を経てもヤマト言葉に言い換えられることは決してなかった。これは道教や儒教なども同様で、宗教とはそういうものである。

日本神話のいずれの伝承にも登場するヒルコがヤマト言葉である以上、それが新規の渡来であるという根拠はない。

日本語の起源

ところでヤマト言葉の言語的な位置について少し触れておこう。

日本語＝ヤマト言葉の起源は、実はいまだによくわかっていない。これまで多くの研究者が様々な説を唱えてきたが、いずれも定説となるに至っていないのが現状だ。

しかし近隣言語に対する位置関係ははっきりしている。

中国語からは漢字と漢熟語を数多く輸入したが、文法も発音もまったく違うため、中国語はヤマト言葉と完全に別の言語である。

隣の韓国語は新羅語の流れであるが、これもまったく似ていない。中国語のように単語や文字を輸入した形跡もほとんどない。

高句麗語との共通を言う説もあるが、高句麗語自体がほとんど残っていないため、比較研究自体が不可能だ。

朝鮮半島については、奈良から平安時代初頭頃には上流階級はゆっくり話せばそのまま言葉が通じたというまことしやかな説が一部にあるが、もちろんデマゴギーだ。そんな記録はどこにもないし、そもそもヤマト言葉と古代朝鮮語はまったく異なる。ただし、百済国が存在したわずかな時代（約百年間）に、百済出身の官人が多数採用されていたことで、百済人同士の会話は当然百済語でおこなうことがあっただろう。公用語はヤマト言葉であっても、それとは別のコミュニケーションもある。百済国は百年ほどで消滅して、一度は日本の支援によって再興するが、それも消滅し、朝鮮半島には現在ほとんど痕跡は残っていない。百済の文化や人材は多くが日本に移されたので、百済は日本にのみ痕跡が存在すると言って間違いない。文物はもちろん、百済人の血脈そのものも、日本にのみ残ることとなったのだ。

ちなみに、新羅系の言語（現・韓国語）は言語学的には「閉音節」であって、発音の末尾が子音で終わる。

これに対して百済語や（おそらくは高句麗語も）、ヤマト言葉は「開音節」であって、すなわち末尾が母音で終わるという特性がある。これは決定的な相違である。

日本語の由来を論じることは、すなわち日本および日本人の成り立ちを論じることである。むろん言語だけで民族を論じることはできないが、そこに大きな手掛かりがあることは言うまでもない。言語と民族とは不可分の関係にあるのだから。なお、ヤマト言葉とは、奈良時代以前からある日本の固有の言語。すなわち、仏教渡来以前からの言語と理解して誤りはないだろう。

「ヒルコ・ヒルメ双子説」の魅力

ここでちょっと発想を変えてみよう。神話の真相に迫るには、歴史的事実を丹念に探ることは当然必要なのだが、ときには次元の異なる発想が突破口になる。

私の突破口は日本古来の習俗だ。それも「子を捨てる」習俗である。ご存じのかたも少なくないと思うが、日本では古来、双子を忌む慣習があって、双子を避けるために、双子が生まれた場合には片割れを捨てることで一種の厄払い、厄除けをおこなった。

「捨てる」ことは、下層民においては殺害にもなり、上層民では金銭を付けて里子に出すこともあった。不具に生まれついたから捨てた、ヒルコが遺棄されるには、それ相応の理由がなければならない。不具に生まれついたから捨てた、ではあまりにも乱暴ではないか。この論理の神話では支持されないだろうことは容易に判断がつく。

しかし双子なら、情緒的にも受け入れられるかもしれない。

「ヒルコとヒルメは双子だったのではないか」

という実に魅力的な説を私が思いついたのは、本書を書くために調査を始めて間もなくのことだ。ヒルコ・ヒルメのルーツには「銅鐸」が関係しているのではないかと考えて、あらためて一から調べ直していたのだが、何十個という数をひたすら眺め続けていると、いろんなことが見えて来る。

謎の青銅器・銅鐸は、紀元前二世紀から紀元二世紀までのおおよそ四百年間に各地で造られていたもので、大きさも形も紋様も実に多様である。これまでに約五百個発掘されているが、その中に同じものは一つとしてない、――と言いたいところだが、しかしごくまれに形状も紋様も瓜二つのものに出くわす。

銅鐸は鋳型に流し込んで製作されたものだが、銅が固まると鋳型を壊して取り出すのが通例であったとされる。

しかしまれに、一つの鋳型で複数の銅鐸を製造したこともあったようだ。

この方法で生まれた銅鐸を同笵（どうはん）銅鐸というのだが、つまり同じ鋳型から生まれたものという意味だ。これを別名、兄弟銅鐸あるいは双子銅鐸などとも呼んでいる。――

ここで「双子神」の発想を得たのは奇しき縁と言うべきだろう。

双子の神は、日本の神話にはまったく登場しないのだが、世界の神話では珍しくない。ギリシャ神話のゼウスの子、アポロンとアルテミスの兄妹はとくに有名だ。他にもユダヤ神話、ローマ神話など数多く登場する。

しかし日本の神話には双子は皆無だ。

ただ、神代篇ではなく歴史篇に唯一の例がある。かの有名なヤマトタケルである。幼名は小碓尊。

第十二代・景行天皇の長子大碓と次子・小碓は「一日に同じ胞にして雙(双)に生れませり」と『日本書紀』に記されている。天皇はこれを「異しびて(驚いて)」碓に向かって叫んだという。兄弟の名・大碓と小碓はこれにちなんでいる。

ご存じのように小碓尊はヤマトタケルと名乗って英雄になる。

しかし双子の兄・大碓尊は悲惨な最期を迎えることになる。

『日本書紀』では、天皇の怒りを買って美濃に放逐されたとある。

『古事記』では、やはり天皇の怒りを買って、小碓尊に殺されたとある。しかも厠に入っているところを小碓尊に襲われて、手足をもぎ取られ、薦に包んで投げ捨てられたという。

天皇は小碓尊の荒々しい所業に怖れをなして、辺境の蛮族征討に送り出すことにする。

日本神話に双子が登場しないのは古来の習俗に拠るものであるのかもしれない。唯一の例であるヤマトタケルの兄についても、悲惨な末路となっているのは「厄払いのためには片割れを捨てなければならない」という観念の具現であるかもしれない。

実際には記・紀のいずれの記述が正しいのかわからないが、ヤマトタケルの経歴についての歴史的事実として「双子」を隠すわけにもいかず、悲惨な結末としたのかもしれない。


しかし神代篇（神話篇）においては、ありのままを記す必要はない。むしろ象徴的・観念的に昇華された物語とする必要があっただろう。

当たり前のことだが、国家や民族が神話を生み出すのは、ありのままの事実が必要なのではなく、象徴的・観念的な開闢物語が必要だからなのである。そこで、民族性に双子を忌み嫌う前提があるならば、双子の記述のないのは当然のことだ。

ただ、双子そのものはさほど珍しいものではないのだと、現在の私たちは知っている。

とすれば、神話という形に昇華された古代人たち（祖先の神々）にも事例があろうというものだ。

そう思ってあらためて見渡してみると、それらしき一対の神は他にも見られる。そして、その第一が、ヒルコとヒルメなのだ。

アマテラスは双子だった！――なんという魅力的な説だろう。しかしその姉か兄かは、厄除けのために捨てられなければならない。

ヒルコとヒルメの名が日子日女の一対であることはすでに述べた。

これを素直に受け取れば、ヒルコとヒルメは双子として生まれたからそう呼ばれたのだと考えて不自然ではないだろう。つまり二卵性双生児、男女の双子だ。

そして双子は不吉であるという風習・習俗から、片方を捨てることで厄払いをおこなう。ヒルコが遺棄されたのはそのゆえである。ヒルコは、小碓尊と同じ様に辺境の地へ遣わされたのかもしれない。

それならばもとより双子と記せば良いようなものだが、双子とは書けない事情があったのではないか。それはヒルコの正体を解明することで見えてくるのではないか。

記・紀の神々は実在した

さて、ヒルコとヒルメが兄妹（姉弟）であるのだから、ヒルメのルーツがわかれば当然それはヒルコのルーツでもある。

ヒルコには手掛かりがあまりにも少ないが、ヒルメには重要な手掛かりがいくつかあって、そこからまったく新たな世界が見えて来る。

といっても、私は神話の構造上の問題をあれこれ弄ぼうというのではない。観念の課題ではなく、これは実存の課題なのだ。オオヒルメすなわちアマテラスにルーツを求めるというのは、歴史としての血脈を遡る試みのことである。


ところで日本の根源の神を問われれば、多くはアメノミナカヌシ（天御中主神）やカミムスヒ（神産巣日神）などを挙げるかもしれない。それは日本神話の始源に登場する独り神、つまり無性別神である。

独り神であるがゆえに、かれらは「神生み」をおこなわない。

その役割は、イザナギ・イザナミという夫婦神の誕生まで待たなければならない。

そして、この夫婦神から私たちの日本は始まるのだ。すなわち、それが私たちの「根源の神」であり「祖先神」である。

しかし私は、この定義に敢えて異を唱えて、「根源の神」という概念を「系譜の始まり」としてとらえたい。ただ、何をもって「根源」というかは人それぞれであって、まして神を指し示すとなれば、異論は少なくないだろう。

そこで私は、ここに一つの提案をおこなおう。

「実在した神」すなわち、歴史上の特定の「人物」をもって比定できる神をもって根源ととらえたい。

イザナミはイザナギとまぐわうことによって多くの神々を生むのだが、最後に「火の神・カグツチ」を生んだために、イザナミはホトを焼かれて死んでしまう。その後、イザナギは黄泉の国へイザナミに会いに行くのだが、その再会と再度の離別の経緯はさておいて、逃げ帰ったイザナギはアワギハラで禊(みそぎ)して身を清める。――その際に、とくに尊い神を生むのだが、私はそれを「根源神」とよびたい。

これ以前の神は「観念としての神」であり、一種の「精霊神」であろう。イザナギ・イザナミ二神はすべての国土と、それを統治する多くの神々を生むが、この二神を実在とするのは無理だろう。国生み・神生みのすべての源を一組の夫婦神ということにしたのは、思想である。神話創造の一つの典型が、ここにある。

しかしその後の展開は、まったく次元が異なる。その後の日本神話は、単なる空想物語ではなく、一種の「叙事詩」であると私はとらえている。したがって、神話叙述の合理的な解釈をおこなえば、古代における事実関係等々が浮かび上がってくるはずである。

その解釈の鍵になるのが古代人たちの「思想」だ。彼らが神というものをどうとらえていて、いかなる理由があれば神と認めたのか。

天つ神・国つ神という「神の区別」はいかなる理由によってなされたのか。それによって神話の中の神々の「誕生の所以」が判明し、「神話の意味」もおのずから明らかになるだろう。

神道は、すべての人が死しては神になるという思想である。つまり私の先祖もあなたの先祖も誰もが皆、代々死しては神となって祀られているということだ。

この思想は古来、日本人の民族思想として貫かれてきたものだ。

中世から戦国期にかけては、一部の人々が仏教に帰依するものの、依然として日本民族の基軸思想は神道（随神道〔かんながらのみち〕）にあった。その証左が全国にくまなく鎮座する神社である。

ただ、例外は江戸期の一六六四年から明治維新までの二百年余である。この間の数代が、死しても神になれなかった。というのも、周知のように総人口の九割以上が幕府によって檀家制度・寺請制度を強制されたため、死すればホトケになるものとされたからである。

しかし明治元年、神仏分離令の発布により再び古式に復することとなる。

こうして継承されて来た神道の思想によれば、記・紀の神々も同様に、私たちの祖先であって、死して後に神として祀られたと考えるのが当然というものだろう。

もしそれを「観念上の神」とするなら、かえって私たちの血脈をそこで途絶えさせることになる。

私たちは祖先を敬うという民族気質・民族文化を保有しており、いつの時代においてもそうであったはずである。もちろん古代においても祖先を敬った。その祖先とは観念ではなく、文字通り血脈の祖先である。私たちの血脈は、ある時突然発生したはずもなく、もちろん観念から産まれたわけでもなく、当然ながらどこまでも続く血脈である。

そして、この思想を大前提とすることによって、神話の中に少なくない系譜不詳の神々もその姿がよりはっきりと見えてくることになる。ヒルコはさしずめ、その第一番手であろう。天神でありながら流され棄てられた神とは誰なのか。

神々は実在したという前提から考えると、日本神話の中の多くの真相が見えてくる。

たとえばスサノヲの降臨伝承も、解き明かすための突破口がここにある。スサノヲは新羅の曾尸茂梨(そしもり)に降臨したが、その地に留まることを欲せず、すぐに船を仕立てて出雲へ渡ったと記されている。

この伝承をもって、スサノヲは新羅人であって、それがヤマトへ渡って武力統一したという解釈が横行している。しかしはたしてそうだろうか。スサノヲが実在した人物であると考えれば、新羅へは何処からかやってきて、一時的に滞留したが、新羅という土地・人を好まず、すぐに通過して日本へ来たと解釈するのが理にかなっているだろう。

そしてアマテラスすなわちオオヒルメには、さらに多様な伝承が遺されている。

第二章　太陽の化身・オオヒルメの謎　海人族が奉戴した八幡神の母

ヒルメの血脈

鹿児島神宮に次のような伝承がある。

「もとよりこれなるは、震旦国・陳大王のその大娘は大比留女御子と号し、年齢七歳にして朝寝みししに、その夢中にて人の見るを止むることなく婚縁被るを為し、夢より覚めて後に随いて見るれば、我が身を汙穢されし女の如くと例えり。おのずからその日々は心神不安にて、しかしてしかる後に九月を経て後、天子を産生み奉り給う。

その時始めて国王を大臣釆女等は奉り、おのおの奇特と思う間によりて訊ね給えば、その詞に云う、

汝は幼少の身也、誰人と交抱被りて、天子を産生み奉るぞと。

媛御子は大王に答えて云う、所命の如く幼少の身にて、しかして全く交抱人無きを以ちて、但夢中に止むる人の見ること無きままに被るは寝みたるなり。夢より覚めて後に、四方を見るに、已に人無きを以ちて、ただ朝日の光が身に差して、覆いて胸間にあり、おのずからその懐妊にて子を生みしところ也云々。いよいよ奇特の思を成して、三四年の後を経て、空船を彫刻りて後に、印鎰とともに母子を流罪す。その詞に云う、汝は非人間の所を為す、以って流し付く所を所領とすべし云々。大海の間に随いて漂い、日本国・鎮西大隅国の礒の岸に寄り了う也。その太子をば八幡と号し、船寄りたる礒を八幡崎と号す。」

（＊原文は和習による変体漢文。語句調整および書き下しは筆者による）

わかりにくいところもあるかと思うので、意訳しておこう。

「中国の陳大王の長女・大比留女は、七歳の時、眠っている間に朝日が胸の間に差し込んで懐妊した。

九カ月後に王子を出産したが、大王はこれを罪と思い、数年後、空船に乗せて印と鎰とを持たせて海に流した。

大王は、流れ着いたところを所領とせよ、と命じた。

流れ着いたのは日本の大隅国であった。王子（太子）の名を八幡といったので、船が流れ着いた磯を八幡崎と名付けた。」

わずかな記述であるが、この『八幡御因位縁起（はちまんごいんいえんぎ）』には多くの問題が含まれている。

鹿児島神宮は、通称「大隅正八幡宮」という。

▼鹿児島神宮（大隅国一宮）鹿児島県霧島市隼人町内

【祭神】天津日高彦穂穂出見尊　豊玉比賣命　帯中比子尊　息長帯比賣命　品陀和氣尊　中比賣命　姫大神　太伯

八幡宮・八幡神社は稲荷神社と並んで全国に最も数多く鎮座する神社であることはよく知られている。いわゆる「はちまんさま」で、唱歌にも歌われている「村の鎮守」とは八幡神社のことだ。

その八幡神社の総本社は、大分県の宇佐神宮であるというのも広く知られていることだが、実はその発祥自体に異を唱えるものなのだ。縁起にはこの後に、

「大比留女は、筑紫国若椙山へ飛んで、香椎聖母大菩薩として顕現し、皇子は大隅国に留まって八幡宮として祀られた」

と記される。

つまり、八幡宮の大元は大隅正八幡宮（鹿児島神宮）であって、そこから宇佐に勧請されたのだというのだ。また、母の大比留女は、香椎宮の神になったという。しかもその父は、震旦国の陳大王であるという。

▼香椎宮（かしいぐう）　福岡県福岡市東区香椎

【祭神】仲哀天皇　神功皇后　（配祀）應神天皇　住吉大神

しかし八幡神顕現の伝承は宇佐ではまったく異なるものを伝えている。そのため、古くから本家争いともいうべきものが繰り返されて、悲惨な事件も起きている。

この伝承は『八幡御因位縁起』を始めとして、『八幡大菩薩御因位本縁起』などいくつかの資料にも見られる。また、『今昔物語集』にも「大隅に八幡神が顕れ、その後、宇佐に現れた」と記される。

ちなみに、参考文献としてしばしば見かける『大隅正八幡縁起』なるものは存在しない。原文に当たらない者がどこかの孫引きを誤って引用した結果だろう。

各縁起にはそれぞれに異同や誤記もあって、微妙な食い違いはある。

しかし、

「震旦国陳大王の娘・大比留女が処女懐胎して八幡王子を生み、船で大隅に渡来した」という点は共通している。すなわち、このくだりの元となる伝承があって、それぞれに編集がおこなわれたと考えられる。

この伝承について、八幡信仰研究の第一人者である中野幡能氏はこう述べている。「陳王伝説は、本地垂迹説を発展させて、八幡神を陳大王の孫にして、神功皇后を大王の女大比留女とし、八幡神は漢土から大隅へ渡来した神だとして、宇佐、石清水の八幡信仰の隆盛に刺激されて、大隅宮が正当なる八幡信仰発生の本源地であることを打ち出し、『正宮』であることを自ら名乗り出たのである。」（『八幡信仰史の研究』）

すなわち八幡信仰の発祥地を、宇佐ではなく大隅宮（鹿児島神宮）であるとするために「陳王伝説」は創作されたものだとしている。その理論的拠り所に本地垂迹説を利用しているという指摘である。

この「縁起」には、本地垂迹説の他にも処女懐胎、あるいは感精伝説（太陽光に感応し懐妊）、うつぼ船神話（死体を舟に乗せて葬送）などの世界共通の神話類型が凝縮されている。これが創作でなく自然発生的に成立したとするならば〝奇跡〟と言えるほどの出来映えだ。

しかし中野氏は、続けてこうも記している。

「そもそも鹿児島神社は、その周辺に隼人塚を遺しているようにこの神社はもともと、隼人族の氏神の神として隼人族に祀られた社であったろうと考えるが、宇佐宮に伝わる隼人征伐の伝説があるように初期八幡信仰集団との接触が行われた歴史を有する神社であるが、陳王伝説が物語っているように、中国の江南地方との交通はかなり古くから行われたものの如く、『神社啓蒙』には呉太伯を祭ったという伝えを記している。」（前掲書）

中野氏は、呉・太伯とのつながりは肯定しつつも、だからといってその娘（あるいは子孫）が渡来したとまでは信じられない、と言っている。

「中国の江南地方との交通はかなり古くから行われた」としているにもかかわらず、渡来伝説は「創作」だというのだ。

中野氏に代表されるこの見解はいつのまにか定説と化していて、この「縁起」自体が陽の目を見ないようになってしまった。

現在の公式由緒である『鹿児島神宮史』（平成元年発行）でも、わずかに『八幡愚童訓』の意訳引用として紹介されているにすぎない（ただし『八幡愚童訓』にその記述はない）。しかも祭神から太伯は除外されている。

しかし私は、隼人こそは海人族であって、ヒルメに従って渡来した江南人であったのではないかと考えている。

江南の呉国が元々の故郷であって、そこから渡来・移住したのではないか。多くの痕跡がその事実を示唆しているのだ。

たとえば海幸彦山幸彦神話も、明らかに海人族の伝承であろう。

すなわち、太伯が始祖王であった呉国から移住した一族が隼人族と称するようになったと考えるのは、ごく自然な帰結である。そして移住には、王族の血をひくリーダーが推戴されていたであろうことは当然のことだ。

太伯を王として迎えた江南の海人族

海部すなわち海人族の出自は、中国江南の呉とされる。呉は、周王朝の長子であった太伯を王に迎えて建国された国だ。

ちなみに「呉」という国名は中国の歴史上三度登場する（周は四度）。

一、中国春秋時代の国。紀元前一二世紀～紀元前四七三年。句呉、攻呉とも。

二、中国三国時代の国。魏・蜀と鼎立。二二二～二八〇年。

三、中国五代十国の一つ。九〇二～九三七年。淮南（わいなん）ともいう。

ここでいう呉は最も古い一の春秋時代の国のことである。

太伯については、司馬遷が著した『史記』に「世家（せいか）第一」として録されている。世家とは世襲する諸侯をいう。以下、書き下し、訳ともに筆者（＊文語が苦手なかたは訳文だけお読みください）。

【書き下し文】

「呉の太伯と、太伯の弟仲雍は、皆、周の太王の子にして、王・季歴の兄なり。季歴は賢にして、聖子昌あり。太王、季歴を立てて、以って昌に及ぼさんと欲す。是に於いて太伯・仲雍二人、すなわち荊蛮に犇り、身を文にし髪を断ち、用うべからざるを示し、もって季歴を避く。季歴、果たして立つ。これを王季と為す。しこうして、昌を文王と為す。」

【訳文】

「呉の国の始祖太伯と、その弟仲雍は、ともに周の太王の子であって、周王季歴の兄である。季歴は賢明であるとともに、聖徳をそなえた昌という子があった。

鹿児島神宮（戦前の古写真）

父の太王は、季歴を家督に立てて、その昌を後継にしたいと思っていた。

そこで、太伯と仲雍の二人は、荊蛮の地に出奔して、身体に入れ墨をし、断髪して蛮地の風俗になり、周の王家にふさわしくない姿を示し、季歴から遠ざかった。

その結果、季歴が周の王家を継いだ。これが王季である。そしてその子の昌が後を継いで文王となった。」（傍線筆者）

荊蛮とは、揚子江の南側の地方のことで、いわゆる江南地方のこと。

太伯の呉は、海人族の国であった。人々には文身、つまり入れ墨の習俗があった。

また、髪を短く切る必要があった。ともに水中に入った時に害を受けないためである。

当時は、罪人でもない限り髪を切ることはなかった。

しかし太伯みずから「髪を切って、文身した」と伝えられる。

ここで思い出すのは、あまりにも有名な『魏志倭人伝』のくだりである。

「(邪馬壱國は) 男子は大小と無く、皆黥面文身す。」

要するに、古代の日本人は誰もが顔にも体にも入れ墨をしていたのだ。

この習俗は、「海」という面で一つに繋がっている海人族に特有のものだ。水中で鮫などに襲われないよう全身に施していたのだとされている。

現在の日本ではすっかり見かけなくなってしまったが、和歌山の太地町などの鯨漁師には近年までその習俗が残っていた。また、和歌山と「海の道」でつながっている南房総の漁師にも同じ習俗があった。

呉の民、すなわち海人族は太伯を王として迎えた。

太伯が周王家の出自であるので、呉の国姓は周王家と同じ「姫（き）」氏である。

したがって、呉王家の血を引く者が大隅へ渡来する海人族に推戴されていたとすれば、むろんその姓も「姫」であるはずだ。そして、その子孫も同姓であるということになる。

陳大王とは誰か？

ここにある「震旦国」とは、中国の古い呼び名だ。真丹とも記す。

それでは「陳大王」とは誰のことか。あちこちで伝承の意訳を見かけるが、そこにはあたかも「陳大王＝呉太伯」であるかのように論述されている。しかし、それはありえない。

そもそも太伯は紀元前一二世紀頃の人物であるから、大比留女の父であるはずがない。

また、呉は七代・夫差の時に滅亡しているのだ。これが紀元前四七三年とされる。大比留女が渡来したのは紀元前二世紀頃と考えられるので、その父たる者は呉王の血脈にあるとしても、呉国滅亡から二百年以上経過した後の人物ということになる。陳大王とは、前三世紀から前二世紀頃の人物名、ないしは陳という国の王でなければ整合しない。

それではその当時の中国東部・江南地域の事情はどうなっていただろうか。

該当するのは始皇帝の秦国のみである。

秦は、紀元前二二一年に中国を統一し、紀元前二〇六年に滅亡した。

その秦に滅ぼされた国々の人々、またそれ以前に消滅した国々の人々は各地に四散したが、呉人や越人などの海人族は東側の海浜部に居住していたと考えられる。中国統一を成し遂げた始皇帝の次なる標的は「海」の彼方であるから、海人族は必要な人材としてあらためて求められている。

鹿児島神宮の陳王伝説をそのまま解釈すると、大比留女は陳大王の娘であり、しかも太伯の血を引いているということになる。

つまり、陳大王は呉太伯ではなく、同時代の王でなければならない。

あるいは、呉太伯の血を引く王族の娘とも考えられる。

ただ、この伝承を伝える大隅八幡、すなわち鹿児島神宮はかつて呉太伯を祭神として祀っていたことがあるようだ（現在公式に掲げている祭神には入っていない）。ただ、その由来がこの伝承によるものなのか、それとも創建の頃からすでに祀っていたのか詳らかにしない。祭神から外された理由や時期もわからなくなっている。陳大王を呉太伯であるとする説と、関わりがないこともないだろう。

しかしながら、chin という音からは china すなわち支那を連想させ、そこから「支那の王」とする説もある。

また、「秦始皇帝」の秦国、また秦氏の原音などを連想させるところから、これらの説を唱える人も少なくない。

しかしそれでは「陳」の文字が使われている説明が示されない。

いずれの説も、あくまでも言い換え、あるいは誤字説である。

この論法は古典の解読や神話の解釈などで常套的に用いられる手法であるが、安易な論法の最たるものだ。

私は古文献を研究する際には、言い換えや誤字説を基本的に採らないことにしている。むろん文脈から、あるいは文献比較から明らかな誤字は実際にしばしば存在する。

しかし、それをもって、理解の及ばないものについて、何かと言えば誤字や言い換えに頼るのは安易で短絡というものだろう。文献批判は歴史研究の原点だが、そこに

「改竄」や「誤字」を指摘するのはよほど慎重でなければならない。そしてそれは「最後の手段」と考えるべきである。なによりもまず書かれた文字に素直に理解を示すべきであって、そこで知恵を絞るのが研究者の姿勢というものだ。

したがって、陳大王伝説についても、もともとの出典である「八幡御因位」に「陳大王」とあるのだから、それが誤字であると証明するか、証明できないのであれば「陳」の文字を尊重しなければならない。伝承・縁起の類だから恣意的に取り扱って良いなどということは断じてないのだ。陳大王の〝捜索〟に総力を挙げてこその真相であると考える。

さてそこで、同時代に「陳」という名の王や国があったかといえば、楚に隣接する国に国名「陳」が存在する。

陳は、紀元前一一一一年に周の王室によって封じられて建国し、紀元前四七九年に滅亡している。

ただし国姓は陳ではなく、嬀という。発音は「ギ」または「キ」。

滅亡した翌年に王族は田斉へ亡命し、故国の国名の陳を新たな氏姓とした。これが後の世界各国に進出する陳氏の始めである。

ちなみに太伯を始祖とする呉も、陳の六年前の紀元前四七三年に滅亡しているが、その九年前の紀元前四八二年に悲劇が起きている。晋と戦っている間に、呉の本拠地が越の攻撃を受け、太子・友は捕虜となってしまう。まもなく処刑されたとされるが、以後の消息はわからず、これが呉滅亡の直接の原因となった。

呉は紀元前四七三年に滅亡。

陳は紀元前四七九年に滅亡。

奇しくも同時期である。

「縁起」に「陳大王の娘・大比留女」とあるのは、この陳国の王女の意味とも考えられる。

そして、「朝日が胸の間に差し込んで懐妊した」（感精神話）というのは、越の捕虜となって陳に預けられ抑留されていた太子・友の子を宿したことの暗喩とも受け取れる。

しかしこの事実を公表することは憚（はばか）られたので、「太陽の子」を宿したことにして、一党を付けて東海の島国へ送り出した。

ところがそれから間もなく呉が滅亡し、呉王・夫差は自殺。

拠り所を失った呉人たちは「太陽の子」の後を追って移住した。

呉人は、隼人となる。

以後、子の父が、呉の太子（王の長子）であったゆえに「呉の太伯の裔」と名乗った。

陳の国姓は女偏に爲と書き（嬀）、これも「キ」と発音する（呉音・漢音とも「キ」／現在は「ギ」）。発音としては周および呉の国姓である姫と同じだ。

この説を採るならば、オオヒルメの渡来は紀元前四七〇年頃ということになる。

もう一つの起源説

日本人の祖先が呉の太伯であるという説は、実は中国の史書にはかなり古くから記されている。主なものを紹介しておこう。

たいへん重要かつ貴重な古典資料なので、原文と書き下し文をともに掲出して、読者の便に供しよう（漢文古文が苦手なかたは傍線のところだけどうぞ）。

『翰苑』

『魏略』逸文五に収載の『翰苑』巻三十

▼原文

「自帯方至女國万二千余里

其俗男子皆黥而文　聞其旧語　自謂太伯之後

昔夏后小康之子　封於会稽　断髪文身　以避蛟龍之害　今倭人亦文身　以厭水害

也」

▼書き下し

「帯方より女國に至るには万二千余里。その俗、男子は皆、黥（面）文（身）す。その旧語を聞くに、自ら太伯のすえという。

昔、夏后小康の子、会稽に封ぜられ断髪文身し、以って蛟龍の害を避く。今、倭人また文身し以って水害を厭う也。」

『晋書』巻九十七　四夷伝　倭人

▼原文

「倭人在帯方東南大海中依山島爲國　地多山林无良田食海物　舊有百餘小國相接　至魏時有三十國通好

戸有七萬　男子无大小悉黥面文身　自謂太伯之後　又言上古使詣中國皆自稱大夫

昔夏少康之子封于會稽斷髪文身以避蛟龍之害　今倭人好沒取魚亦文身以厭水禽

計其道里當會稽東冶之東

其男子衣以横幅但結束相連略无縫綴　婦人衣如單被穿其中央以貫頭　而皆被髪徒跣

其地温暖俗種禾稻紵麻而蠶桑織績　土无牛馬　有刀楯弓箭　以鐵爲鏃

有屋宇父母兄弟臥息異處　食飲用俎豆　嫁娶不持銭帛以衣迎之
死有棺无椁封土爲冢　初喪哭泣不食肉　已葬舉家入水澡浴自潔以除不祥
其舉大事輒灼骨以占吉凶
不知正歳四節但計秋收之時以爲年紀
人多壽百年或八九十
國多婦女不淫不妬无争訟　犯輕罪者没其妻孥重者族滅其家
舊以男子爲主　漢末倭人亂攻伐不定　乃立女子爲王名曰彌呼」

▼書き下し

「倭人は帯方東南大海の中に在り、山島に依りて国を為す。地に山林多く、良田无く、海物を食す。旧、百余の小国相接して有り。魏の時に至り、通好するに三十国有り。戸は七万有り。男子は大小と无く、悉く黥面文身す。自ら太伯の後と謂う。又、上古使の中国に詣るや、皆自ら大夫と称すと言う。昔、夏少康の子会稽に封ぜられしに断髪文身し以って蛟龍の害を避く。今、倭人好く没して魚を取り、亦た文身は以って水禽を厭わす。其の道里を計るに、当に会稽東冶の東たるべし。其の男子の衣は横幅にして、但だ結束して相連ね、略ぼ縫い綴ること无し。婦人の衣は単被の如く、其の中央を穿ち以って頭を貫く。皆、被髪し徒跣なり。

其の地は温暖にして、俗は禾稲紵麻を種え、蠶桑織績す。土に牛馬无し。刀、楯、弓、箭（や）、有り。鉄を以って鏃（やじり）と為す。

屋宇有りて、父母兄弟臥息処を異にす。食飲に俎豆を用う。嫁を娶るに銭帛を持たず、衣を以って之を迎う。

死には棺有りて槨（かく）无し。土を封じて冢（ちょう）と為す。初め喪するや、哭泣し、肉を食さず。已に葬るや、家を挙げて水に入りて澡浴自潔し、以って不祥を除く。

其の大事を挙するに、輒（すなわ）ち骨を灼き以って吉凶を占う。

正歳四節を知らず、但だ秋に収むるの時を計りて以って年紀と為す。

人多く寿は百年、或は八九十。

国に婦女多く、淫せず妬せず、争訟无し。軽き罪を犯す者は其の妻孥（さいど）を没し、重き者は其の家、族を滅す。

旧、男子を以って主と為す。漢の末、倭人乱れ攻伐して定まらず。乃（すなわ）ち女子を立てて王と為す。名を彌呼（ミコ）と曰う。」

（＊いずれも書き下しは筆者による。また、傍線も筆者。）

『翰苑』は、唐時代（六一八～九〇七）に書かれた書で、その内容から六六〇年以前にはすでに成立していたとされる。中国の史書にはしばしば記録参照されているのだが、原本は日本（太宰府天満宮）に一部（第三十巻と叙文）が残っているのみ。大正六年に学術調査により発見され、その後、国宝に指定されている。

『晋書』は、唐の太宗の命によって六四八年に編纂された晋王朝の記録。公式歴史書である二十四史の一つだ。

わが国最古の史書である『古事記』が七一二年、『日本書紀』が七二〇年の成立であるから、いずれもそれらより古い記録である。

つまり、これらの記録以前に中国を訪れた日本の外交使節が「われわれは太伯の子孫である」と称していたということになる。

しかしその後に書かれた記・紀には、なぜかそのことに関連する記述はまったく見られない。時代的には「太伯の子孫」と認識していた人々によって記・紀は書かれたと考えて間違いないのだが。

しかし、記・紀の神話篇になんらかの形でそのことが織り込まれているのではないかとも考えられる。

その事実を隠すにせよ、潤色あるいは改変するにせよ、別の形で表現しなければならないからだ。

そうではないと書いてあるならば、何であると書いてあるのか。つまり、太伯の子孫であると記さないのであるならば、何者の子孫であると記しているのか。

そこに記・紀の目的が浮かび上がるはずであり、本来の太伯を呼び寄せる手掛かりになるはずである。

記・紀の編纂に携わるほどの知識人であれば、当時の多くの文献は熟知していたはずで、その中には『翰苑』も『晋書』も当然あったであろう。

そしてそこには「自ら太伯の子孫という」の一節が記録されているのだ。より古い記録を、しかも他国の歴史書をこの世から消し去ることはできない。

しかもその証しとして、全身に入れ墨をする習俗があるとされる。これは海人族の証しでもあるが、古代においてそういった習俗が定着していたことは間違いない。

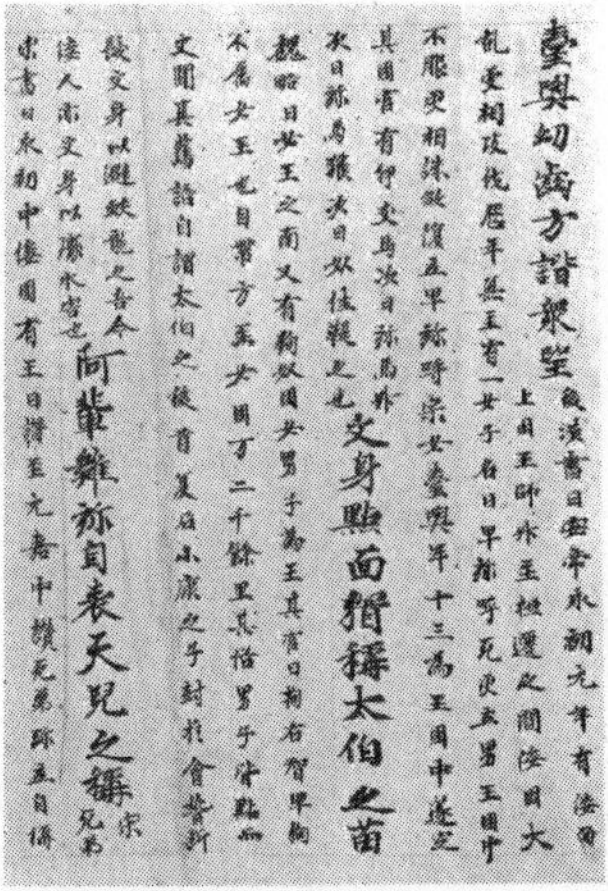

『翰苑』（太宰府天満宮蔵）

これらの事実を知悉していながら、記・紀神話を編纂したのであれば、そこに痕跡があってしかるべきだろう。

太伯由来説、すなわち始祖由来説を「建国神話」として昇華するのは、神話編纂の、いわば常套的な手法でもある。そもそも神話というものには、そういう機能があるのだ。

——さてそれでは、記・紀神話篇のどこに太伯は潜んでいるのだろうか。

第三章　「丹」をつかさどる神・ワカヒルメの謎　銅鐸は紀氏一族の祭器か

ニウツヒメとは何者か？

丹生都比売(ニウツヒメ)神社には、ワカヒルメはオオヒルメの妹で、姉妹は一緒に渡来したという伝承がある。まずこの真相を解き明かさなければならない。

ニウツヒメ（ニフツヒメ）とはワカヒルメ（稚日女尊）の別名とされる。古い由緒をもつ神であるにもかかわらず、なぜか記・紀には登場しない。ただし、別名のワカヒルメは『日本書紀』の「一書」にのみ登場する。いわゆる「岩戸隠れ」の段。

――スサノヲは亡くなった母イザナミに会いたくて、黄泉の国へ行く許可を父イザナギからようやく得た。そこで、旅立つ前に、姉アマテラスに別れを告げるべく高天原へやってくる。

しかしその様子は荒々しく猛々しく、海も山も轟く有り様で、これを見てアマテラスは顔色を変えた。そして軍装に身を固め、

「おまえは、高天原を奪うためにやってきたのではないか」と厳しく問う。

これに対してスサノヲは、

「汚い心などありません。ただ姉上にお別れのご挨拶に来たばかりです。それなのにこのような対応をされるとは」と答える。

そこで二人は共に誓約(うけひ)をおこなっていずれが正しいかを占った。その結果、スサノヲが勝ち、高天原に入ることが許される。

しかしスサノヲは、誓約に勝ったことをいいことに、高天原において罪の限りを犯すこととなる。いわゆる「天津罪(あまつつみ)」である。

『大祓詞』の中にある、

「畔放(あはなち)　溝埋(みぞうめ)　樋放(ひはなち)　頻撒(しきまき)　串刺(くしさし)　生剥逆剥(いけはぎさかはぎ)　屎戸(くそへ)」

のことだ。

つまり、水田の畔を破壊したり、水路を埋めて塞いだり、溜め池を決壊させたり、種を重ね蒔きしたり、呪いの串を水田に刺し立てたり、馬の皮を剝いで宮殿に放り込んだり、神殿に糞をすることなど。

これらが日本の社会的禁忌の原型である（他に個人的禁忌として「国津罪」がある）。ほとんど稲作・農耕に関わるものであることから、国家国民の生業としていかに重要視していたかがよくわかる。

そしてこれらすべての罪は、そもそもスサノヲが犯した罪として書かれている。スサノヲは原罪人なのだ。

これらの所業に怒ったアマテラスは天の岩戸の中に隠れてしまい、世の中は暗闇と化す——これが「岩戸隠れ」だ。

この経緯の中のエピソードの一つ。——斎服殿で神衣を織っていたアマテラスのところへ斑の馬の毛皮を生き剝ぎにして放り込んだので、アマテラスは機織りの梭で怪我をしたとされる（＊梭とは機織りの横糸を通す器具）。

これを「一書」では、ワカヒルメが斎服殿で神衣を織っていたところへ、スサノヲが斑馬の生皮を放り込んだので、驚いて機から落ちて、持っていた梭で身体を傷付けて亡くなったとしている。——記・紀に登場するのはこれだけだ。

記・紀は、編纂の当事者に直接連なる神については熱心に書き込むが、そうでない神については粗略とも思える扱いで徹底している。この編纂姿勢、編集方針を承知しておけば、かえってわかりやすいというものだ。つまり、由来が粗略な神は、アマテラス＝ジンム系ではないという証左になる。

記・紀より古くから祀られている神

ワカヒルメがニウツヒメであるかどうか、またアマテラスの妹であるかどうかは、もちろんこれだけでは判断できない。歴史的にも姉妹説は中世以降に広まったものだ。

ただ、記・紀に登場しないからといって新しい神であるとは限らない。全国各地に記・紀成立よりはるかに古くから祀られている民俗神・土俗神は少なくないのだ。後から記・紀の神々に比定して（当てはめて）「同体」や「別名」とされた例や、記・紀の神を加えた例などもしばしば見られる。

なんといってもその代表は、富士山であろう。富士山そのものが御神体、あるいは依り代として信仰されるようになったのは、はるか古代に遡ることは言うまでもない。

その神を、浅間大神（あさまのおおかみ）という。古くは富士大神（ふじおおかみ）ともいっていたようだ。

しかし公式には祭神名はコノハナノサクヤヒメとなっている（最近ではホームページなどには浅間大神が掲出されるようになった）。

▼富士山本宮浅間大社　静岡県富士宮市宮町

【祭神】木花之佐久夜毘賣命（配祀）天津日高日子番能迩迩藝命　大山津見神

浅間大神は記・紀に記載がない。コノハナノサクヤヒメは、もちろん記・紀に登場する。そのためこういった異同があったのではないかと思われる。浅間大神はコノハナノサクヤヒメと同一であるかのような説もあるが、もちろんこれはまったくの誤りだ。

コノハナノサクヤヒメは、浅間大神の巫女として近世になって合わせて祀られたものであって、元々は浅間大神のみであった。

伝承によればコノハナノサクヤヒメは絶世の美女で、ニニギの妻であり、ホデリ（海幸彦）、ホオリ（山幸彦）の母である。富士山は祭神が女神であるから、男女ペアで登山すると、山の神が嫉妬して遭難する、などというまことしやかな話もあるが、もちろん後世の俗説だ。

現在の鎮座地に社殿が造営されたのは八〇六（大同元）年、平城天皇の勅命を奉ずる坂上田村麻呂による。

それまでは、山宮が本宮であって、そこから遷座（せんざ）されたものである。

山宮浅間神社（やまみやせんげんじんじゃ）は社殿が無く、老木に囲まれた空間そのものを殿舎と見なして、直接に富士山を祀るという古代祭祀の形を残している神社だ。これを神籬（ひもろぎ）というが、すべての神社の中でも、最も古い起源をもつものの一つである。

ここで祀られてきたのは浅間大神、すなわち富士大神のみであって、コノハナノサクヤヒメはまだ祭神となっていない。巫女神として大神にお仕えするようになるのは、山宮から六キロメートルほど里へ降りて、そこに大社の壮大な社殿が建立されたはるか後である。

神名に込められた〝遺伝子〟情報

ところで、記・紀を始めとして、古来伝えられる神名について、私たちははたして充分に考証してきたと言えるだろうか。

たとえばスサノヲ神を見ると、『古事記』では須佐之男命、『日本書紀』では素戔嗚尊、『出雲国風土記』では須佐能乎命などと表記する。ここで誰もが意を注ぐのは「漢字表記」の違いであろう。

漢字は表意文字であるから、当然その使い方には漢字本来の意味が利用されているわけで、神名誕生当時の意向を探るのに大きなヒントであることは言うまでもない。「素戔」の字にも「須佐」の字にも、それぞれそれを用いた意味がある。

しかしそれ以前に「スサノヲ」という発音にこそ最も根元的な意味があると気付くべきなのだ。

漢字はあくまでも後から当てはめたものであって、始めに音があった。それがヤマト言葉、ヤマト音である。カタカナやひらがなで表すものが原音に近いだろうが、それに相当する文字は、たぶんなかったのだろう。しかし重要なのは、漢字を輸入して利用するようになるはるか以前から存在する言葉である。ここにこそ、古代人が認めていた神の本質があるはずだ。

すなわち神名には最も古い情報が込められているのだ。

文献という形では残らず、また文脈も残らなかったが、神名は伝えられた。

ここに、真実が潜んでいる。

神名とは、さしずめ古代の情報を登載する〝遺伝子〟である。私たちはこの〝遺伝子〟を読み解くことによって、核心の答えを得ることができるだろう。

そして、神名は素直に名付けられたに違いない。古代の人々が神の名を唱える際に、素直に思いを言葉に託したと考えるのが自然というものだろう。難解な神名などあるはずがないのだ。だからいずれの神名も、それがいかなる意味か、簡単にわからなければおかしい。

それではニウツヒメという神名はどのような意味か。

「ニウ（ニフ）」とは「丹（に）」の鉱脈のことだ。丹とは、水銀と硫黄の化合物で、赤い土壌として露出する。辰砂（しんしゃ）とも呼ぶ。

ちなみにニウツヒメの神名表記は次の四種である。

①丹生津比売神（比売命・比咩命・姫神・姫命）
②丹生都比売神（比売尊・比売大神・比売乃命・比女神・比咩神・姫命・命）
③丹生神（大神・大明神・姫命）
④丹津姫命

「ツ」のない例もあるが、あっても「津」は港であるし（あるいは単に「の」の意味）、「都」は町のことである（または「津」の置き換え）。そして「ヒメ」は言うまでもなく女性神のこと。

このように意味がわかれば、名前というよりも、一種の代名詞であることが理解できるだろう。つまり、ワカヒルメの別名というよりも別称である、と。

ワカヒルメは「若い日女（日孁）」であるというまさに神の名であり、その役割や位置付けを示すのがニウツヒメなのである。あえて言えば、ワカヒルメはニウツヒメの「本名」であるだろう。

丹生＝水銀鉱脈を求めて

ニウツヒメを祭神とする神社は全国に一〇八社余。

うち実に七〇社以上が和歌山県にある。まさに紀伊の神である。

総本社はかつらぎ町の丹生都比売神社。式内社（名神大社）であり、紀伊国一宮、旧・官幣大社である。

▼丹生都比売神社（にうつひめじんじゃ）〈通称〉天野（あまの）大社　和歌山県伊都郡かつらぎ町上天野

【祭神】

第一殿　丹生都比売大神（丹生明神）

第二殿　高野御子（こうやみこ）大神（狩場明神）

第三殿　大食津比売（おおげつひめ）大神（気比明神）

第四殿　市杵島（いちきしま）比売大神（厳島明神）

わが国屈指の古社であるが、創建の年代は不詳。『丹生大明神告門（のりと）』では、祭神の丹生都比売大神は紀の川川辺の菴田（あんだ）の地に降臨し、各地の巡行の後に天野原に鎮座したとしている。しかし記・紀いずれにも、ニウツヒメの名は見られない。

丹生都比売大神の名の国史の初見は、『日本三代実録』貞観元（八五九）年である。「延喜式神名帳」では「紀伊国伊都郡　丹生都比女神社　名神大月次新嘗」と記載されている。

また、高野山の鎮守神でもある。

『今昔物語集』には、密教の道場とする地を求めていた空海の前に「南山の犬飼」という猟師が現れて高野山へ先導したとの記述があり、南山の犬飼は狩場明神と呼ばれ、後に高野御子大神と同一視されるようになった。

ところで降臨伝承とは、降臨地を「始祖の地」とするために採用されるもので、その意図はいくつかに分かれる。より強力な聖地を見出したゆえに、それを取り込みたいとする例もあれば、ときには前歴を隠したい例もあるだろう。

ニウツヒメの降臨伝承は、ワカヒルメからの変身・転換にあるのではないか。天皇家・ヤマト朝廷からの離別を宣することによって、紀伊を一種の独立王国としたのではないか。少なくとも、ニウツヒメを祀る神社が和歌山地域に集中している理由になるだろう。

丹すなわち辰砂の採掘による経済力は強大で、ヤマト朝廷に拮抗するだけのものであったはずである。その経済的・宗教的基盤の全面的支援を受けたのが空海である。都から遠く離れた高野山の地を選んだのは、ひとえに丹生一族との連携、一体化によっている。

ところが、ニウツヒメの本名であるワカヒルメを祭神とする神社は全国に一一一社。ただし、和歌山県には一社のみしかない。比較的多いのは岡山県一三社、鳥取県一〇社、あとはすべて一桁である。これは「住み分け」であろうと考えられる。完全に別の神であるならば同一地域に鎮座していて不思議はないが、それが見られない。紀伊ではニウツヒメ、紀伊以外ではワカヒルメで祀ったと考えるべきだろう。

神名表記は三種。

稚日女神（女尊・女大神・女命・姫命・留女命・売命・靈女尊・靈尊・霎神・霎尊・霎命）

若日女神（女命・媛命・留女命・留売命・靈女神・霎尊・霎命）

若晝女神

なお、私の調査した限りでは埼玉県北西部から群馬県南部一帯にもかなりの数の丹生神社がかつて存在したのだが、その後祭神が替えられたり、社名が替えられたりしたものがいくつもあって、この数には入っていない。現在は別の神社ということになっている。

おそらく他の地域でも同様の事情はあったはずである。丹、すなわち辰砂の採掘が激減するとこぞって新たな土地に移住するか、祭神を替えたものが少なくない。拙著『氏神事典　あなたの神さま・あなたの神社』の「青木さんの氏神」で紹介しているので参照されたい。

要約しておくと、武蔵地域の丹生神社は武蔵七党の第一である丹党の氏神である。埼玉県秩父から児玉地方一帯、また群馬県南西部にかけてを中心とした古代豪族だ。中心となる神社は、埼玉県児玉郡神川の金鑽（かなさな）神社。祭神は天照大神、素盞嗚尊、日本武尊となっているが、これは後世のものと思われる。

当社には本殿がなく、拝殿のみで、背後の神体山そのものを拝礼するという原初の信仰形態になっている。古代において、山を拝む必然があったことを示しているだろう。

丹党の発祥の系譜についてはいくつかの説があるが、紀国造家より発したという説が有力だ。丹生系図によれば、丹生都比売の祝（はふり）家となった大丹生直丹生麿の後裔・丹貫主峯時が丹党の祖となる。

丹党は、古代より秩父地方から群馬にかけて大いに栄えてきたが、その力の源泉は産出される豊富な「丹」にあった。奥州藤原が金を産出したのに対して、秩父平氏が銅、そして丹党は文字通り「丹」を掌握することによって力を得たのだ。丹＝辰砂は、わが国ではすでに弥生時代から採掘されていた。

そして丹党は、丹生神社（丹生都比売）を祀ることで一族の結束をはかった。この一帯には各地に祀られて、その中心が金鑽神社である。金鑽の字は後世のもので、古くは金佐奈と記される。これは「金砂」に由来するものだ。ちなみに常陸の金砂神社もやはり丹の謂われをもつもので、「かなさな」と「かなすな」は元は同じである。

しかし先述したように、金鑽神社をはじめ、この一帯の丹生神社は祭神を丹生都比売から替えてしまったところが少なくない。奥秩父の両神神社も、元は丹生明神と呼ばれていたが、社名も祭神も替わってしまった。おそらくは、丹の産出が尽きたためだろう。

▼金鑽神社〈通称〉二宮様　埼玉県児玉郡神川町二ノ宮
【祭神】天照大神　素盞嗚尊（配祀）日本武尊

オオヒルメ・ワカヒルメ伝説

ワカヒルメ（稚日女・若日女）は、オオヒルメ（アマテラス）の若き日の名だという説と、妹だという説とがあるが、妹か否かはともかく、アマテラスとは明らかに別の神格である。

ワカヒルメを祭神とする神社は一一一社を数える。

中心的な神社は、神戸の生田神社。某芸能人の結婚式で近年話題になったのでご記憶のかたも多いだろう。

主に近畿・中部に集中しているが、和歌山県には一社のみ。この不自然さにはしかるべき理由がなければならない。

▼生田神社〈通称〉生田さん　兵庫県神戸市中央区下山手通

【祭神】稚日女尊

ワカヒルメは、すでに紹介したように『日本書紀』の一書にのみわずかに登場するが、早々と死んでしまう。

神話においての「死」は、その神の事績や系譜を隠した証しである。隠さなければならない何かが、必ずその背後にあると考えると神話の迷路から抜け出すことができる。

あちこちに残る記録や伝承を総合すると、一つの「伝説」が浮かび上がる。

——紀元前二世紀頃、航海技術にすぐれた呉人は船団を組織して、新天地のヤマト国へ向かった。金属採取技術にすぐれた越人も参加しただろう。彼らが推戴していたのは呉の王女たる姉妹である。

呉国や越国のある江南地域は、古くから日本と交流があった。

江南とは異なり山岳が大部分である日本には、銅や水銀などの鉱脈が多いことは早くから知られていた。

姉妹は父から渡された王家の宝器を伴っていた。王家の証しである金印と、宮の銀(ぎん)鎰(いっ)（銀のカギ）と、そして氏祖・太伯から伝わる銅鐸である。金銀銅の三種の神器である。

『丹生都比売神社史』によれば、丹生氏の故地は筑前の伊都とされている。紀伊に移住した際、故地にちなんで伊都郡の地名がつくられた。紀伊国の主な水銀産地（すなわち丹生）が伊都郡内にあるのは偶然ではない。

丹生氏一族は、淡路を経て紀伊に入り、紀ノ川上流を拠点に、中紀・南紀、奈良県の吉野・宇陀方面に勢力を広げる。

紀ノ川下流域においては、土地の祭祀家の名草比古命を婿養子に迎えて、流域を支配していた五十猛命(イソタケルノミコト)の一族とも連携する。

五十猛命を祀る伊太祁曾(いたきそ)神社（紀伊国一宮）の奥宮は丹生神社であり、丹生都比売命と丹生都比古命に天照大神を配している。

▼伊太祁曾神社〈通称〉山東の宮　和歌山県和歌山市伊太祈曾

【祭神】五十猛命

ちなみに当社の神紋は、◯の中に「太」と描くもの。

神社紹介専門サイト「玄松子の記憶」、伊太祁曾神社の項において、こんな指摘がされている。

「神紋は、伊太祁曾の『太』だそうだ。どうして、『伊』じゃないんだろう。伊太と祁曾の複合語で、伊は接頭詞だとすると、『太』が根本となるのかな。あるいは、伊勢に遠慮か。」

そのとおりで、伊太祁曾の「伊」では意味をなさないだろう。「太」そのものに意味がなければ神紋とはならないはずだ。

また「伊勢に遠慮」のニュアンスもないとは言えないが、そもそも伊勢においてはあらゆるシーンで「太一」という文字が登場する。

伊勢の神宮では、別宮の伊雑宮をはじめとする周囲の行催事において「太一」の表示は数多く見られる。

御田植祭では十数メートルもの巨大なサシハが掲げられるが、そこに大書されているのも「太一」だ。

その他、神饌のアワビを採る海女の頭巾にも額に「太一」と書かれ、遷宮の用材を斬りだして運ぶ際にも、その用材の先頭に「太一」の文字が大きく墨書される。

これはすなわち「守護」であろう。

道教の究極の神・太一が、日本の最高神である神宮の祭りをことほぐという意味ではないかと私は考えている。道教と神道の習合である。

詳細は次章であらためて記すが、『史記』の『天官書』に「北極星の神格化されたものが北辰であり、太一」とある。また、太一は太白としばしば同一視される。

すなわち、伊太祁曾神社の神紋は、太一・太白（太伯）を示すものだろう。スサノヲの子として当初の曾尸茂梨（そしもり）への降臨時から同行してきたイソタケルは、太伯の裔であることを神紋によって誇示しているのだ。

なお、伊太祁曾神社は元は日前宮（にちぜん）の地にあった。しかし垂仁天皇一六年に、こちらへ遷された。日前宮に場所を譲ったのだ。この時、国譲りがあったともされるが、それを明示する資料はない。

「征討されて故地を追われた」とされるのだが、もしそれゆえにここまで手篤く祀られたのであればイソタケルは怨霊神ということになる。

なお、紀伊国には一宮が三社あって、日前宮、丹生都比売神社とともに、伊太祁曾神社も紀伊国一宮である。

▼日前（ひのくま）神宮・國懸（くにかかす）神宮〈総称〉日前宮（にちぜんぐう）・名草宮（なくさぐう）　和歌山県和歌山市秋月

【祭神】

日前神宮――日前大神（相殿）思兼命（おもいかねのみこと）　石凝姥命（いしこりどめのみこと）

國懸神宮――國懸大神（相殿）玉祖命（たまおやのみこと）　明立天御影命（あけたつあめのみかげのみこと）　鈿女命（うづめのみこと）

二社で一つ、という祀り方は、伊勢の神宮と同じ形式だ。伊勢では内宮と外宮を総称して神宮と呼び、その他に摂社・末社が多数あるが、日前宮も同様である。

日前神宮は日像鏡（ひがたのかがみ）を神体とし、國懸神宮は日矛鏡（ひぼこのかがみ）を神体としている。

『日本書紀』（第一の一書）では、アマテラスが岩戸隠れした時に、石凝姥命（いしこりどめのみこと）が日矛と鏡を造るが、それらは日前宮に祀られた、と記されている。

この次に造られる鏡がアマテラスを映す鏡となるので、伊勢内宮に祀られている八咫鏡より前に造られたものとも解釈できる。

なお、矛（ほこ）とは両刃の鉄剣のこと。

つまり日矛とは、その刃面が鏡のように姿を映すもので、日神アマテラスを映すために造られたところから日矛の名になっているのだろう。國懸神宮の神体が日矛鏡となっているが、鏡のような剣であろうかと思われる。

こういった由来からも察せられるように、日前宮は特別な存在であった。これほどの由緒ある古社でありながら、朝廷はあえて神階を贈らず、伊勢の神宮とともに特別のものとした。

氏姓を贈られる者は臣下であり、だから天皇のみは氏姓を持たない、という論理と共通するものがここにはある。

神階を贈られる神社は臣下であって、すなわち神階のない伊勢と日前宮は臣下ではない、ということになるだろう。

日前宮は、現在は神社本庁などの包括宗教法人に属さない単立神社となっているのだが、これも由緒からのプライドのなせるものだろうか。

神社本庁では、伊勢の神宮を全国すべての神社の総本宮、総親神すなわち本宗（ほんそう）と位置づけている。

ということは、神社本庁に所属すると、神宮の下位となるに等しい。

本来の別格ではなく、他の神社と同じ立場になってしまうからと考えるのは穿（うが）ちすぎか。

最古の氏姓・紀氏

丹生都比売神社の宮司家である丹生氏は、日前宮の宮司家である紀氏の出である。紀氏は、天道根命を祖神としている。アメノミチネは初代・紀伊国造である。と、ここまではほとんどの資料が一致しているのだが、さてそれではアメノミチネはいずこからやってきたのかというと、二つの説がある。

『先代旧事本紀』では、ニギハヤヒに同行した神。降臨の際に護衛として随行した三十二神の一つだ。後に、ジンムへの国譲りにともなって紀伊国造に任命されることになる。

これに対して『紀伊続風土記』では、ニギハヤヒではなく、ニニギの降臨に随行したとする。その後、ジンムによって紀伊国造に任じられるのは一緒なのだが、ここだけが異なる。

ニギハヤヒか、ニニギか。いずれも天神なので素性ははっきりしているのだが、どちらの系譜かによって大きな違いがある。ニギハヤヒはジンムに国譲りして臣従したのだから、天神とはいいながら臣下なのである。

一方、ジンムはニニギの直系で、初代天皇（大王）である。つまりニニギの子孫であれば、天皇家と同族ということになる。

しかし『紀伊続風土記』は、はるかに時代も下った江戸時代、天保十（一八三九）年に、幕府の指示によって紀州藩によって編纂されたものだ。つまり、政治的に利用される機会を与えられた文献なのである。

続風土記ではそれまでの伝承と異なる「ニニギの降臨随行」としたが、これはアマテラス＝ジンム系に連なるための後世の作為によるものだろう。

紀氏は、天皇家に匹敵するだけの古い由緒がありながら、歴史的には一族の中から目立った地位に立つ人がほとんどいなかった。

『紀伊続風土記』の編纂は、この名家を世に知らしめる千載一遇のチャンスだったのだ。

当時の紀州藩主・徳川斉順（なりゆき）は、御三卿の一家である清水家から転出したもので、大きなチャンスと考えたとして不思議はない。

御三家の一つとして、紀伊紀州藩の威信を高めることは徳川宗家において自らの地位を高めることになる。

領地も臣下もない御三卿と異なり、紀州は大藩である。ここに由緒も加わればさらに強い立場となる。

「紀」という氏姓は、日本で最も古く、最も由緒ある氏姓である。

同等の由緒ある天皇家には公式には氏姓・苗字はないことになっているので、まぎれもなく紀氏が最も古い。

一般には『古今和歌集』の撰者である紀貫之(きのつらゆき)の名で馴染みがあると思うが、紀氏は神代の昔から現代に至るまで文字通り連綿と続く氏族である。

土佐の山内氏や肥後の細川氏、薩摩の島津氏などがどれほど名家だといっても、たかだか数百年のことだが、紀氏は初代が紀伊国造に、そして日前宮の宮司家としておよそ二千年もの間、紀伊和歌山の地にある。これは、奇跡的な事実なのだ。

丹生氏一族の足跡

紀氏・丹生氏一族は、ニウツヒメを奉戴して紀伊の辰砂採掘をおこなった。

この地域の水銀鉱脈は豊富であった。

その財力はこの地に一種の独立国家を建設・維持するにじゅうぶんなもので、空海の高野山もその恩恵によって成立したものだ。

しかし鉱脈というものはいつかは尽きるものだ。

紀伊の鉱脈が掘り尽くされたのを契機に、一族の一部は播磨に移住した。

また、別の一族は新たな鉱脈を求めてさらに東へ移り行く。

三重、岐阜、長野、静岡、千葉、埼玉、群馬に残る彼らの足跡は、あることによって辿ることができる。——それこそはすなわち、ニウツヒメを氏神として祀ることである。

ただ、しばしば足跡を見失うことがある。

というのは、辰砂の鉱脈が尽きてもそのままニウツヒメを祀る地域もあるのだが、それを機に別の神に替えてしまう例も少なくないからだ。

私の調べた限りだが、埼玉県の北西部から群馬県南部にかけての地域は、かなりの数の丹生社が祭神を替えたり、社名を変えたりしている。

一方、紀氏は、一族関連の古墳から馬具類が出土しているところから、騎馬民族系であると考えられている。ニギハヤヒに随行して降臨したという伝承も、やはりそれを示唆している。

ということは、海人族系の丹生氏が紀氏の系譜に連結したことになるのだが、そうしなければならないような理由はないのにどうしたことだろう。

となれば、ここで基本的な疑問を提示しなければならないだろう。すなわち「ワカヒルメはオオヒルメと姉妹である」という前提への疑問である。そもそも姉妹説は丹生都比売神社の伝承のみにあって、他の文献には見当たらないのだ。

大隅正八幡の陳大王伝説を思い出していただきたい。そこにはオオヒルメに「妹」の存在はない。

他の伝承のいずれにも「妹」は登場しないのだ。

つまり、ワカヒルメ（ニウツヒメ）はオオヒルメ（アマテラス）の妹ではなく、元々紀氏から出た丹生氏の氏神なのである。

もし姉妹であるとするならば、むしろ主流であって、臣従した紀氏よりも上位のはずである。したがって、紀氏から出たという丹生氏の系譜に偽りはなく、むしろオオヒルメと姉妹であるということが偽りであろう。

姫氏から紀氏へ

紀伊との関係は偶然で片付けられない。

太伯の呉王家の姓が「姫」であって、天皇家の姓も「姫」ではないかとの伝承もあり、紀伊国造家の姓は「紀」である。いずれも「キ」と発音する。

日本の姓に一文字は決して多くないが、さらにそれが一音であるのはきわめて少ない。一文字姓というのは、もともと中国の習わしである。

そういった事情を鑑みても、「キ」姓の一致は決して偶然ではないだろう。本来は同一でありながら、おおきみ家への遠慮があったと考えることもできそうだ。

さてそこで、私はこれらの断片の整合を図るために、次のような仮説を組み立てた。

海人族は皆、黥面文身していた。後に『魏志倭人伝』に記される習俗である。

そして海部は、ヒルメの支配下にあった。

その海部がヒルコを氏神に奉戴することによって、再び一体化が実現する。

すなわちそれがエビス信仰の本当の由来である。


ヒルコとヒルメは兄妹であると『古事記』に書かれている。『日本書紀』では姉弟となっている。『先代旧事本紀』には、両方書かれている。

三書にこう記されている以上、同じ親を持つことは疑いようがない。すなわちヒルコも呉の太伯の裔である。

そして海人族・海部こそはヒルメの子孫である。ヒルコの妹（もしくは姉）の子孫たればこそ、ヒルコすなわちエビス信仰という必然があるのだ。

その本拠地である西宮神社は古来、廣田神社の摂社であった。長田神社、生田神社、住吉大社とともに『日本書紀』に「四社鎮祭」と記される。

神功皇后が新羅征討の帰路、海難に遭遇した際に守護を得たと伝えられる。その時に託宣を受けて四社同時に建立してこれを祀った。

▼廣田神社〈通称〉廣田五社、廣田さん　兵庫県西宮市大社町

【祭神】撞賢木嚴之御魂天疎向津媛命　底筒之男命　中筒之男命　上筒之男命　誉田別命　比咩大神　息長帶比賣命　建御名方富大神　高皇産靈大神
▼長田神社〈通称〉長田さん　兵庫県神戸市長田区長田町
【祭神】事代主神
▼生田神社〈通称〉生田さん　兵庫県神戸市中央区下山手通
【祭神】稚日女尊
▼住吉大社〈通称〉住吉さん　大阪府大阪市住吉区住吉
【祭神】底筒男命　中筒男命　表筒男命　息長足姫命

これらの宮司家は、海部の頭領であった。すなわち海人族の裔である。

銅鐸祭祀から銅鏡祭祀へ

「呉太伯伝説」とのつながりで、もう一つ重要な要素を忘れてはならない。

第一章でも触れた「銅鐸」である。「謎の遺物」とされて、いまだにその用途などは解明されていない。

大勢は「祭器」としており、私にもとくに異論はないが、考古遺物で用途不明のものは祭器ということになっている。

銅鐸は、日本人には常識ともいうべき遺物だが、日本人以外の人たちはまったく知らないと言っても過言ではない。

ちょうど私たちが「前方後円墳」という言葉を自然に口にするように「銅鐸」も中学生の時から馴染んでいる。

前方後円墳という特異な形状の古墳は日本全国に約三五〇〇基あるが、中国にも朝鮮にもこの形状の古墳はない。

同じように銅鐸も、厳密には中国・朝鮮にないのだが、むろんどちらも原型は古代中国にある。

銅鐸は、古くは中に「舌（ぜつ）」と呼ばれる棒状のものがぶら下げられていて、全体を振って鳴らすようになっていた。

このタイプのものを中国では「鈴（れい）」と呼んでいたが（「すず」ではない）、日本ではなぜか「鐸（たく）」と呼んだ。

鐸は上部に取っ手が付いていて、これを摑んで振って鳴らすものだ。つまりハンド・ベルである。

一方、鈴（れい）は、取っ手の代わりに紐を通す耳があって、吊り下げて揺らして鳴らす。

この青銅製の鈴（れい）こそは、日本の銅鐸の原型である。

そしてその発生は周王朝であった（付属物としての鈴（れい）は殷の時代に発生しているが、

単独での鈴は周代）。

周では、朝廷の重要な祭祀においてはとくに大がかりに用いられていたという。余韻のある響きはまさに神韻縹渺（しんいんひょうびょう）で、天を祀るような重要な儀式においては不可欠の祭器であったろう。

これが日本でどのように用いられたのかは、まったくわかっていない。まったく記録がないので、ただ想像するばかりである。

これほどの遺物について『古事記』にも『日本書紀』にも『風土記』にも何の記述もないのだ。約四百年間に亘って五百個以上造られてきた祭器について、何の記述もないのはきわめて不可解だ。「銅鏡」と「銅剣」については詳細に記されているが、「銅鐸」についての記述は皆無である。

これは異常事態というものだろう。

しかし記・紀の成立が八世紀であることを思えば、すでに三世紀初頭には地上から完全に消え失せていた銅鐸のことは、五百年以上が経過して、人々の記憶から消し去られていたのだろうか。

ただ、現在までに日本各地から出土している五百個もの銅鐸が、かつて人々の脳裏に及ぼした刻印はきわめて印象的であったのではないかと思われる。なにしろあの造形だ。他に似ているものがまったくないという、きわめて特異なフォルムは、代々語り継ぐに値するものだろう。

しかも、おそらくは「聖なる器」であったはずで、なによりも大切にされていたに違いないのだから。

そう考えると、人々の記憶から簡単に失われるとは考えにくく、たとえ禁じられても代々語り継いだであろうことは容易に想像できる。

また、消え去ってからの五百年間にも、偶然に発掘されたりしたことがまったくなかったとも思えない。発掘されても絶対的な「禁忌（タブー）」であるがゆえに、あわてて埋め戻されたとも考えられる。

とすれば、記・紀には意図的に記されなかったとすべきかもしれない。それならば、その意図は何か。

私の仮説は、宗教革命である。二世紀後半から三世紀初頭にかけて、この国には宗教革命、祭祀革命があった。すなわち、銅鐸祭祀から銅鏡祭祀への革命である。

五〇〇個の銅鐸の発掘分布と製作年代を見ると、いつ頃どの辺りに始まって、どういう経路で発展・移動したかがおおよそわかる。今後も新たな発掘があって多少の変化はあるかもしれないが、すでに発掘されている事実が消えるわけではないので、ここで概観しておこう。

製作年代は紀元前二世紀から後二世紀までのおおよそ四百年間。

そして九州から始まり、近畿で全盛期を迎えて、中部・関東で終息している。

発掘数の多い地域は以下のとおり。なお、最新の統計データというものは存在しないので、文化庁調査（平成十二年）など、いくつかの資料を総合して筆者が積算した。

兵庫県　五六個（淡路島のみで一五個）
島根県　五四個
静岡県　四六個
徳島県　四二個
滋賀県　四一個
和歌山県　四一個
愛知県　三六個
その他　一八〇個余

銅鐸は江南の呉人が前二世紀に渡来して伝えたものと私は考えている。

呉は、祖王の太伯が周王家を出て建国したものだが、銅鐸の原型ともいうべきものは周の祭器である。

紀元前二世紀に海を渡り、出雲にもたらされたのが始まりだろう（大隅ではない）。以後は渡来した呉人あるいは越人みずからの手によって、独自のアレンジを加えつつ造られることになる。

当初は後の銅鐸とはだいぶ趣を異にするものであったと考えられる。おそらくは小型で紋様などの装飾はほとんどなく、そして中舌があったであろう。振って鳴らす小型の鐘、ハンド・ベルであったと考えられる。

ここから、日本の銅鐸の歴史が始まるのだ。以後四百年にわたる銅鐸祭祀が、王権の象徴的なイベントとしておこなわれることになる。

なお、鹿児島・宮崎からは銅鐸の出土はいまのところ見られない。いずれ発掘例が生じるかもしれないが、それでも少数に留まることは間違いないだろう。

南九州に呉からもたらされたものは銅鐸ではなく銅鏡である。オオヒルメは印・鎰（いっ）とともに鏡も持参した。そしてその子孫が後のヤマト朝廷を打ち立てることになる。

その結果、二世紀の後半には、銅鏡を祭器とする政権が主導権をつかんだ。この瞬間に、出雲・摂津地域を中心としていた政権は、約四百年の統治に終止符を打ったのだ。そして臣下に組み込まれた。

銅鐸を用いた祭祀がどのようなものであったかは今はまだ判然としないが、少なくともその後の神道祭祀とは一線を画するものだろう。海人族（呉人が中心）が南九州に持ち込んだ民族宗教は古代道教であったろうと推測されるが、そのエッセンスは神道にも吸収・継承されている。

したがって、銅鐸文化とともにその担い手たちが滅ぼされたわけではなく、むしろ統合され、支配下に入ったと考えたほうが妥当だろう。

銅鐸の消滅について、異教の外敵が攻めて来たので、あわてて隠した、そして征討・占領された――という類の説があるが、これは当たらない。

発掘状況はおおむね全国共通で、整然と埋納されており、乱れた様子はない。

また、いずれも深さ数十センチメートル程度の比較的浅い穴を掘って整然と横たえてある。これは、祭祀で用いる時以外は土中に蔵していたと理解して良いだろう。そして、銅鐸祭祀を禁止されたために、埋納されたままになったのであろう。つまり、次のような対比が成り立つ。

ヒルコ――銅鐸
ヒルメ――銅鏡

銅鐸を製造していたのは伊福部氏であった。彼らがニギハヤヒの裔であるというのも一つの証左になっている。

銅鐸文化の系譜は、周に始まるが、これを男系のヒルコが継承したのではないか。女系のヒルメは銅鏡を継承した。そして、ヒルコは出雲へ、ヒルメは大隅へ渡る。優れた銅鐸が和歌山県に多いのは、紀氏の支配地であればこそであって、これに勝る理由は他にはないだろう。

ヒルメの姫氏は銅鐸に拘泥せず、銅剣、銅矛、銅戈や銅鏡をも祭器として呑み込んだ。それによって地方の一小国から、ヤマトという統合国家を造り上げ、武力王であると同時に祭祀王としても君臨することになるのだ。

しかし和歌山の紀氏は銅鐸文化を遵守し、ついにこの地から出ることをしなかった。後々にヤマト姫氏の子孫が中央での政争に窮すればこれを匿い、ヤマト姫氏は政権の安定している時には南紀訪問を欠かさなかったのは、こういう由来があるからだろう。

姫はヒメか

さて、本書まえがきでふれた『日本紀私記零本』にある問答を紹介しよう。

これは、勅命によって天皇に博士が『日本書紀』（当時は『日本紀』）を講じたものの記録である。平安時代に前後七回おこなわれた。その中に天皇から博士への問答に次のものがある。

「天皇は問う。わが国を姫氏国と呼ぶのは、どのような理由によるのか。

博士は説明する。中国ではわが国のことを東海姫氏国と呼んでいます。それは、氏祖神の天照大神が女神であり、神功皇后が女帝であるなどの理由によって、姫氏国と称しているのです。」（訳は筆者による）

ここでは「女性神」「女帝」に理由を求めているが、偶然の一致にすぎない。また、その延長で、ヒルメという名であったから、それに基づいて「姫」という姓氏を称したのではないかという説もあるが、それは逆であろう。

もともと姫は「キ」とは読んでも「ヒメ」とは読まない。オオヒルメが姫氏を名乗っていたことから、ヤマト言葉のヒメという言葉が「女性の王族」を意味する言葉として使われるようになったと考えるのが自然というものではないか。

そしてその後、「姫」という文字のみが一人歩きして、姫氏という呼び名は実際にはほとんど使われないために、「ヒメ＝姫」の用法のみが広まったとも考えられる。

天皇家の氏姓が消えた時

それではなぜ、「姫」姓を名乗るのをやめたのか。

それは「天皇号」の制定と直結している。

六八一年、天武天皇の詔により、律令編纂が開始された。この時、制度としての天皇の位置付けが定まった。

すでにそれ以前から天皇は「氏姓（うじ・かばね、しせい）」を与える存在・機関と位置付けられていたが、律令によって唯一無二の存在となり、天皇以外の者は氏姓を与えられる存在となった。

すなわち与える者と与えられる者の厳格な区分区別である。

この立場の違いは、神と人の違いに匹敵すると知らしめることになる。

天皇を「現人神（あらひとがみ）」と位置付けるためである。

この思想は後世、吉田松陰が唱道した「一君万民」に直結する基本思想であり、実はそれこそが日本の律令国家の本質である。

同じように律令制度を採用した中国・朝鮮においては、制度名が同じために誤解されるが、根本的に異なる制度だ。

したがって、天皇に氏も姓もあってはならないことになる。

もしあれば、それは誰から与えられたのかということになり、天皇の上に存在する何者かを示唆することになるからだ。

中国・朝鮮では「天」から与えられたことにしている。

すなわち名乗りは「天命」なのである。

日本では、天皇そのものが究極の存在であり、「天の皇帝」になった。天皇大帝、すなわち北極星の化身と位置付けたのだ。

天皇は究極の存在として君臨することによって、律令制の保証たりうる。

ここが日本以外の国と大きく異なるところである。

同様に律令制を採り入れた朝鮮はもちろん、律令制発祥の国である中国においても、統治者である皇帝はあくまでも「人」であって「神」ではない。

天命という言葉に体現されるように、皇帝の位は「天」から「任命」されるものであって、だから皇帝はどこまで行っても「人」である。

したがって、論理的には誰でも皇帝になれる可能性がある、ということだ。

しかし日本では、唯一無二の存在である天皇（おおきみ、すめらみこと）になるということは、生きながらにして神となる、という意味である。

氏姓を与える立場であるというところから、さらに一歩踏み出して、次元の異なる地平へ到達したと言えるだろう。天武天皇の発想がこの独自の制度、特異な思想を生み出した。

天皇という制度が実施された時、天皇の氏姓は消えた。律令に定めのない定めとして、明文化されない究極の法として、それは成立した。以後その法は継承されて、ついに千三百年以上の時が経過するも、その間に誰も改めようとはしなかった。

とくに第二次大戦終結の後は改めても不思議ではなかったが、そのままにされた。アラヒトガミという制度は解体されたが、それを保証する無姓はなぜかそのまま継続された。

アメリカ政府がその本質を理解していなかったのか、それとも日本側のなんらかの戦略が功を奏したのか事実は不明である。

しかしいずれにしても新憲法下でも、天皇の氏姓は復活されなかったのだ。これこそ幸いと、日本民族は喜ばなければならない。新憲法によって日本および日本人は骨抜きにされてしまったが、根本の一点において民族統合の保証を護ったのだ。

もしもこの時に、天皇家の「姫氏」たる名乗りが復活されていたならば、天皇も一人の日本人になってしまい、その後の日本人の意識は大きく変わることになっていただろう。少なくとも、それだけは回避できたわけで、私はこれをなにによりの僥倖としている。

誤解のないようにあらためて言っておくが、天皇家に姓（苗字）はない。

姫氏とは、天皇家の祖先が八八九年の飛鳥浄御原令の発布以前まで名乗っていた姓氏であって、正確には大王（おおきみ）家の姓氏である。大王家には姫という苗字があったが、天皇家には苗字はないのだ。法的にも文化的にも歴史的にも政治的にもない。天皇となった時に、姓（苗字）は不要になったのだ。

しかも、第二次大戦後に新憲法を発布した際に、姓（苗字）を復活（もしくは新たに創姓）することもできたのだが、それをしなかった。これによって、無姓を追認したことになる。〝民主主義〟の名のもとに、千数百年振りに復活するかもしれなかったのだが、その機会が利用されることはなかったのだ。

ちなみに「天皇（てんのう）」の語源は、前述のように「天皇大帝（てんおうだいてい）」である。呼び名としてより古いのは「ヤマト言葉」、いわゆる訓読みである。これに対して音読みは新しい。音読みは漢音であるからだ。

たとえば「天皇」の読み方は、「すめらみこと」や「おおきみ」などが古く、「てん・おう」は新しく、「てん・のう」はさらに新しい。

「すめらみこと」とは「統べる・みことのり」、「おおきみ」とは「大いなる・君」の意である。古くは「大王」と書いて「おおきみ」と読ませていたが、これを「天皇」という表記に変えたことで、その文字の訓みが通り名となったのだ。陳大王に由来する大王から、天皇大帝に由来する天皇へのシフトである。

そして、これをおこなったのは天武天皇である。中国でも同じ事例があるのだが、ほぼ同時代なので、まったく奇遇というべきだろう。

なお、『日本書紀』では遡ってそれ以前の天皇にも使われているが、初発は天武天皇である。ということは、「姫」という氏姓とまさに交代で採用されたということだ。「姫」を名乗る者は天皇ではなく、天皇であるならば「姫」は名乗らない。それが古来の定めである。

第四章　北極星となった神・アメノミナカヌシの謎　呉太伯伝説は海を越えて

馬琴の発想

ヒルメは日女であって、ヒルコは日子であるとすでに述べたが、曲亭馬琴は独自の説を唱えた。

馬琴といえば『南総里見八犬伝』であまりにも有名なので「戯作者」あるいは「読本作者」とのみ思いがちだが、実は歴史考証について造詣が深い。随筆の類を見ると驚くべき博覧強記で、その裏付けがあればこその伝奇名作の数々と思われる。

一般にはほとんど知られていない随想『玄同放言』に、ヒルコについての興味深い考証がある。

「書紀に、伊弉諾尊（いざなぎのみこと）、伊弉冊尊（いざなみのみこと）、大八州国（おほやしまのくに）、及（また）山川草木を生み給ひて、更に日の神大（おほ）

日孁貴を生み、次に月の神月夜女尊を生み、次に蛭児を生み、次に素戔嗚尊を生み給ふ段、

日の神・月の神のうえへは、理よく聞えたれども、蛭児素戔嗚は、何なる神といふよしを誌されず。

後に史を釈もの、亦発明の弁なし。按ずるに、蛭児は、日子なり。

天慶六年日本紀竟宴の歌に、蛭児をひるの子と詠り。

毘留能古即日之子也、ひほ音通へり、日子は星なり、星をほしと読するは、後の和訓にして、この訓はじめて、仁徳紀に見えたり。

当初星をひる子とも、約てひこともいへるなるべし。」（改行は筆者による）

天慶六年は西暦で九四三年、その六月に「日本紀竟宴」の記録が見える。

この当時には、どうやら「蛭児は日子」と認識されていたようだ。

しかも、「星」の謂いである。

大日孁貴（アマテラス）が太陽で、月夜女尊（ツクヨミ）が月であるならば、蛭児（ヒルコ）はどの星を体現するのか。

「かゝれば蛭児は星の神なり、星といふともその員多かり、是を何の星ぞといふに、

蛭児は即(すなわち)北極なり。

この故に、已(すで)ニ三歳(みとせ)ニナルマデ、脚猶(あしなお)立タズ、故(かれ)之ヲ天盤櫲樟船(あめのいわくすふね)ニ乗セテ、順風(かぜのまにまに)放棄(とくはなつ)といへり。

論語(陽貨篇)孔子ノ曰、子生レテ三年、然後ニ父母之懐ヲ免(はなる)、その三歳まで立たざるものは、必(かならず)尫弱(おうじゃく)不具なるをいふなり、」

ヒルコは「北極星」であると馬琴はいう。

ヒルコ神話の謎は、二つのポイントに集約される。

一つは、なぜ三歳になるまで脚が立たないか。

そして、なぜ船に乗せて流し棄てられるのか。

この二点の合理的な解釈ができなければヒルコの正体に迫ることはできないだろう。しかしながら「第一子は不具というのは神話の類型」であるとするのは笑止だ。すでに指摘したように第一子と断定はできないし、そもそものような類型は偏頗(へんぱ)な断定にすぎない。

これをもって日本神話には南方系の要素が根幹にあるとするのも論拠は希薄であろう。

それならば『日本書紀』の「第三子」神話はどうするのか。日本神話は『古事記』のみではないのだ。

こういった解釈は、道教・陰陽道、とくに陰陽五行説についての理解がないことによっている。欧米の神話学によって日本神話を解釈してきた誤謬の象徴ともいうべきものだろう。

そして馬琴はこう結論している。

「抑（そもそも）諾冊両尊（なぎなみのふたみこと）、日の神・月の神を生み、次に星と辰（ときほし）の神を生み給ひつ。

ここに是　日月星辰の四象の神たち化生（なりいで）給ひき。

易に曰、大極ハ両儀ヲ生ス、両儀ハ四象ヲ生スとは、これをいふなりけり」（読み下しは筆者による）

示唆に富む一文で、いわゆる「三貴子」の神生みは、実は四貴子であると言っている。そして四神は「日月星辰」であると喝破している。なんとも馬琴らしい解釈である。

ちなみに三貴子とは、アマテラス、ツクヨミ、スサノヲの三神のことで、神生みのクライマックスでイザナギが禊をした時に生まれたものだ。

皇室の三種の神器も三貴子を体現しているという説もある。

すなわち、アマテラスが鏡、ツクヨミが勾玉、スサノヲが剣、ということになる。

八百万の神々と云われるほどに多くの神々がいる中で特に「三貴子」と称されているのは、それほどに象徴的な存在であるということである。

ところが馬琴は、これにヒルコを加えて「四貴子」と言っているのだ。

そう指摘されてみると、これまでの常識ともいうべき「三貴子」は、実はあまり論理的ではないことに気付かされる。

アマテラスとツクヨミは日と月であるから、陽と陰の二元論にも適っているが、スサノヲをこれに加えるといかにも不自然だ。

「日と月と海」という解釈や「日と月と夜」あるいは「日と月と死」など、その他にもこれまでに様々な解釈が登場したが、どれもあまり説得力がない。

そもそも「三」という数字を整合させる事象が見当たらないのだ。それを「四」として「日月星辰」と解釈したのは卓見と言うべきだろう。

つまりヒルコは「星」であり、スサノヲは「辰」であるとする。星は先に述べたように北極星である。辰は「日月の交会する所なり」というのだが、これは「時間」と理解しておこう。そして星は陰、辰は陽。日は陽、月は陰であるから、四象として整合する。

日本神話は非論理的であるとは常に言われることであるが、かねてより私はそれを誤解によるものと考えている。

日本神話は「論理的」なくだりと「非論理的」なくだりとの混合によって成り立っており、そこを見極めなければならない。記・紀においても異なる点は少なからずあるが、さらに『先代旧事本紀』も記・紀と同じではない。

これらの古典三書を比較すると、一部では原型が見えて来る。論理的なくだりは当初からの形を残しているからであろう。

これに対して非論理的なくだりは、何らかの意図・恣意があって、当初の形が崩れたものであるだろう。

そう理解すれば、原型は論理的な形であって、論理的でない、あるいは整合がとれない部分は原型を失っている、歪み、崩れ、と考えられる。

とすれば、アマテラスとツクヨミにスサノヲを加えた「三貴子」は作為となる。

本文冒頭で陰陽二元論を掲げているにもかかわらず、主軸の神の存在においてその論理を全うできないというのは、いかにも不自然だ。

『古事記』は序文の冒頭で「陰陽ここに開けて」と記しているし、『日本書紀』は書き出しで「陰陽分かれざるとき」と述べ、『先代旧事本紀』は神生み神話篇は「陰陽本紀」という。

いずれも陰陽五行説を熟知した上での論述であるのは自明である。

それならば本文の神話記述の構造においても、意識されて当然で、陰陽で創世神話を説き起こすなら、それは一貫していなければならない。

そしてこれら三書の神話篇のわずかな分量においては、一貫させるのはきわめて容易く、むしろ一貫しないまま放置するのは考えがたい。

三書のいずれもが厳格な校閲を繰り返して完成されているはずで、編纂に関わる立場の者であれば見逃しようもないほどに単純明快な論理構造である。

すなわち、ヒルコの登場が非論理的な位置付けとなっているものは変形されたものである。

原型は何かを知り、そして何のために変形されたのかを探れば、創世神話の裏に隠された秘密が見えて来るはずである。そしてそれは「もう一つの建国神話」ではないかと私は考えている。

なお馬琴は、エビス神はヒルコではなく、彦火々出見尊(ひこほほでみのみこと)であるとしている。根拠は神名の解釈であるだろうが、これもいくつかの異説の一つである。

神話解釈の誤り

馬琴は、天文地理の造詣に深く、道教の宇宙観や陰陽道、風水などの知識を作品にも活用している。

近年ではこういった分野の知識に疎い者による偏頗な考証が横行しているが、古代から中世の事象はそれらを踏まえていることを知らなければならない。

馬琴の指摘に今更ながら驚かされるのは現代の学術に関わる者として恥と思うべきだろう。

しかしこの説を馬琴は「とし来秘蔵の説」と告白しているところをみると、当時すでにこういった学識の裏付けは衰退していたのかもしれない。

江戸時代に入ってからは、京の朝廷をないがしろにする傾向が強まって、同時に朝廷直属の陰陽寮の役割も軽視されるようになった。

そんなところから、この時代は必然的に陰陽道や道教が俗化を極めた時代である。

とりわけ「神話」の解釈には不可欠な学識であるにもかかわらず、江戸の知識人には〝俗説〟と化した陰陽道・道教しか知られていなかった。

そのような環境において、馬琴は数少ない独学探求の人であった。さながら現代と状況が似ているかもしれない。

なお、陰陽五行説等々の古代東洋の学術について似非科学、迷信迷妄といった非難のあることは承知している。また、否定するのも排除するのも自由である。

ただ、読者諸兄姉がこういった原理や思想を受容するか否かは問題ではない。

要は、神話がつくられた際に、作者あるいは編纂者がこれらの原理や思想に基づいていたかどうかが重要なのである。日本神話はマルキシズムに拠ってつくられたものでないことは当然だが、それではどのような原理・思想に基づいてつくられたのか。それを正しく踏まえなければ、日本神話を理解することはできない。

これは当たり前のことだ。

ただ漫然とお伽噺であるかのように受容するわけにはいかない。神話であるからこそ、そこには根源の思想や哲学が裏付けとして存在するはずで、いわば遥か遠い子孫である私たちへの「伝言」である。

神話解釈は、その人の思想が左右する。

私自身も、最初に思いついたのは「ヒルコ・ヒルメ双子説」である。「ヒルコはヒルメの双子の兄。双子（多胎児）は不吉とする風習から流し棄てたもの」と解釈した。「双子」を不吉として、兄姉に当たる片割れを捨てるという風習は古くから各地におこなわれている。後には形式的に捨てるのみで、すぐに別の者によって拾い上げたり、里子に出して捨てたことにしたりといった方法も採られるようになる。

このような民俗学的な解釈は一般に受け入れやすいのだ。多少は事実と齟齬があっても、情緒がそれを許容してしまう。「双子説」は、はたして真実か否か。どうぞ情緒ではなく、冷徹にご判断いただきたい。

北極星と陰陽道

ところで、北極星を信仰の中心としたのは道教であり、またその原理を取り込んで日本独自に成立したのが陰陽道である。

現代人には馴染みが薄くなってしまったが、今なお天皇との関わりは浅からぬものがある。とくに、天皇御一人においておこなわれる祭祀に今もなお、はっきり伝わっ

キトラ古墳の天井に描かれた天文図。北斗七星や北極星が示されている。

北斗星雑占図　北斗七星を拝礼する陰陽師（『天保新選永代大雑書萬暦大成』）

ている。これを四方拝（しほうはい）という。

四方拝とは、元旦に、天皇がおこなう陰陽道の祭祀である。

旧暦一月一日の寅の刻（午前四時頃）、天皇は黄櫨染御袍（こうろぜんのごほう）という黄色の朝服（ちょうふく）を着用し、清涼殿の東庭に出御する。

天皇はまず北に向かい、自らの属星（ぞくしょう）を拝する。

属星（ぞくしょう）とは、陰陽道では、誕生年によって定める北斗七星の中の一つの星で、その人の運命をつかさどる命運星のことである。以下のように生まれ年で北斗七星の命運星が決まる。

午年　　→破軍星（はぐんせい）
巳・未年→武曲星（ぶごくせい）
辰・申年→廉貞星（れんていせい）
卯・酉年→文曲星（もんごくせい）
寅・戌年→禄存星（ろくそんせい）
子年　　→貪狼星（たんろうせい）
丑・亥年→巨門星（こもんせい）

この中の自身の星を最初に拝するのだ。

そして次に天を拝し、西北に向かって地を拝し、それから四方を拝し、山陵を拝する。

このとき天皇は以下の呪言を唱える。

賊寇之中過度我身（ぞくこうしちゆうかどがしん）、毒魔之中過度我身（どくましちゆうかどがしん）、毒気之中過度我身（どくけしちゆうかどがしん）、毀厄之中過度我身（きやく）、
五鬼六害之中過度我身（ごきろくがい）、五兵口舌之中過度我身（ごひようくぜち）、厭魅呪咀之中過度我身（えんみじゆそ）、
百病除癒（ひやくびようじよゆ）、所欲随心（しよよくずいしん）、急急　如律令（きゆうきゆうによりつりよう）。

最後の「急急如律令」は、陰陽道独特の呪文である。漫画や映画でも、安倍晴明がしばしば唱えていたので、ご記憶のむきも少なくないだろう。

片手か両手で印を組んで唱えれば良い。意味は、強いて言えば「急ぎ律令のように厳しくせよ」といったところだが、実際の使われ方とはあまり関係はない。呪文とはそうしたもので、文言が一人歩きする。

また、この前段に並んでいる文言も、多少の異同はあるが一千年以上使われてきている呪文である。字面の通り、賊や毒や危害、病気、苦悩などの排除を祈念するものであるが、文法的には省略されて、やはり呪文化している。

なお発音は参考までにルビをふったが、本来我々の容喙（ようかい）すべからざる領域のことであって、自ら唱えるただ上（かみ）御一人のみの知るところである。四方拝とは、そういうも

のだ。天皇より他におこなうことはなく、天皇のみおこなうことができる特別な祭祀である。明治以後は、皇室祭祀令によって規定され、皇室祭祀令が廃止された戦後においても、それに準じておこなわれている。

元旦の午前五時半に、黄色の束帯を着用して、宮中三殿の西側にある神嘉殿の南の庭に設けられた建物の中で、伊勢の内宮と外宮、すなわち皇大神宮と豊受大神宮に向かって拝礼した後に、四方の諸神を拝するように改められた。むろん寺院は一切対象外である。

戦前は国家祭祀としておこなわれて四方節と呼ばれ、祝祭日の中の四大節の一つとされていたが、戦後は天皇家の私的な祭祀として、しかし往古のままに執りおこなわれている。天皇にとって、北極星・北斗七星は古来特別のものなのだ。

四神相応から解き明かす「ヒルコ=玄武」

北極星は道教や陰陽道の信仰の中核になっているのだが、これを鎮宅霊符神(ちんたくれいふしん)と呼ぶ。別掲の「太上神仙鎮宅霊符」は、陰陽道の護符である。縦数十センチメートルもある大きなもので、この世で最強の護符とされている。その中央に描かれているのが鎮宅霊符神で、足もとには亀と蛇、上には北斗七星が描かれているのがわかるだろうか。

馬琴の説からもう一歩進めよう。ヒルコは北極星(北辰)であるから「水」としたが、さらに言えば北は玄武である。

玄武とは陰陽道の地理風水で用いる概念で、四神の一つだ。「四神相応」という風水用語は、キトラ古墳や高松塚古墳の内壁画で広く一般にも知られるようになったので、ご存じの人も少なくないと思う。青龍、朱雀、白虎、玄武のことで、それぞれの神獣が自然界の形となって「相応」すれば、その中心は天子の宮となる、という思想である。ヒルコの正体を突き止めるためにも重要な意味を持つので、簡単に解説しておこう。

陰陽道の秘伝書とされる『簠簋内傳金烏玉兎集』に四神相応の原理が解説されてい

太上神仙鎮宅霊符（筆者蔵）

る。ちなみに本書の正確なタイトルは「三國相傳陰陽輨轄簠簋内傳金烏玉兎集」。通称「簠簋内傳」。

「三國相傳」とは、インド、中国、日本に伝えられた重要かつ貴重な書であるという意味で、仏教経典などに見られるものだ。「陰陽輨轄」は、陰陽説をすべて管轄しているという意味。

「簠簋」とは、古代中国の青銅器で、外側が方形で内側が円形のものを「簠」、逆に外側が円形で内側が方形のものを「簋」。いずれも陰陽道の宇宙観・世界観である「天円地方（天は円く、地は方なり）」を象徴している。酒を入れて、神に捧げた器であろうと考えられている。

「内傳」は、内々に伝えられたもの、つまり秘伝という意味である。「金烏」は、三本足の金の烏で、太陽の化身 象徴とされる。「玉兎」は、月に棲む兎で、月の化身・象徴とされる。

これは長年、安倍晴明（九二一～一〇〇五）の編纂した陰陽道の秘伝書ということになっていたが、近年では後世の作という説もある。

毀誉褒貶さまざまであるが、これまでの研究の成果もあって、少なくとも本書には陰陽道の基本思想が網羅されている。

ただ基本思想や基本原理以外に、後世の迷信も加わっているのはご愛敬で、それらを峻別した「再編集本」が、いずれは現代に問われなければならないだろう。陰陽道の知恵は、かつては「秘伝」であったが、いまは「普遍」であるのだから。

さてその中に〈四神相応の地〉の概念が定められている。

東に流水あるを青龍の地と曰い、
南に澤畔あるを朱雀の地と曰い、
西に大道あるを白虎の地と曰い、
北に高山あるを玄武の地と曰う。
この四神がともに足るれば、すなわち四神相応の地と謂い、もっとも大吉なり。
東に鱗魚あるは、青龍をもって最上位とし、常に水底にいるがゆえに青龍の地という。
南に禽翎あるは、鳳凰をもって最上位とし、常に田辺にいるがゆえに朱雀の地という。
西に走獣あるは、白虎をもって最上位とし、常に均途に走るがゆえに白虎の地という。
北に甲蟲あるは、鱉亀をもって最上位とし、常に山岳に住むがゆえに玄武の地という。

これは「相地」の究極理論である。この手法によって、陰陽師は藤原京以来、平城京も平安京も東京も、すべての宮都の地を選定した。京都が「最良の風水適地」と言われるのは、この理論に適合しているからである。

東＝青龍＝鴨川

南＝朱雀＝巨椋池

西＝白虎＝山陰道

北＝玄武＝船岡山

となっており、この配置こそが「四神相応」とされる。しかも鴨川は、相応させるために当時としては大掛かりな土木工事までおこなって人為的に矯正したという。その結果『簠簋内傳』に定める通りになった。

しかしこの地理的条件は、本当に優れた構造なのだろうか。巨椋池の位置は中心線から大きくずれており、しかも規模的に水朱雀とするにはいかにも弱い。また山陰道は他の街道と比較しても際立つ第一の気脈とは言い難い。

しかし実は、平安京は陰陽道の源流でもある中国風水にも適合している。龍脈は北の貴船山から船岡山を経て大極殿の龍穴へ。そして龍穴を中心とした明堂を、東の青龍砂（りゅうさ）である大文字連山と、西の白虎砂（びゃつこさ）である嵐山山脈がしっかりと守る。要するに典型的な盆地であって、しかも南面つまり南向きである。

さらに、大文字山と西山とをつなぐ東西ラインと、船岡山と甘南備山とをつなぐ南北ラインとは正しくクロスし、この交点にもともとの内裏が存在した。まさに風水の天心十字の法に合致している。これなら宮都を建設するにふさわしい。

京都の四神相応も結局は盆地としてのそれであるならば、日本独自の定義すなわち『簠簋内傳』による定義は何を意味しているのか、ということになる。

陰陽道のもう一つの起源となっている古神道（こしんとう）に、その答えがある。

神社の社殿には様々な建築様式があって、日本の建築史をシンボライズするものであるが、その源流となる様式は二つに絞られる。すなわち、伊勢の神明（しんめい）造りと、出雲の大社（たいしゃ）造りである。神明造りは古代の穀物倉が、また大社造りは住居が原型であったとされる。

しかし、この形はたかだか千数百年の歴史にすぎない。わが国固有の信仰形態である神道は、もっと遥かに永い歴史を持っており、その経てきた時間の大きさ古さに鑑みれば、今の形の神道は、いわば「近代史」である。これ以前の歴史は比較にならないほどに永く、これを古神道（こしんとう）と呼ぶ。

古神道は、一種の精霊信仰で、自然崇拝が本質だ。自然なるものすべてに神の遍在を観るもので、山も海も川も神であり、太陽も月も北極星も神である。風も雷も神であり、季節も時間も神である。すなわちこの世界、この宇宙に神ならぬものはなく、神とともに在る、という思想である。

そして、その原初の姿、原初の形は四種に集約される。

神奈備、神籬、磐座、靈、である。これこそが神道の本来の姿だ。

「かんなび」は、神奈備、甘南備、神名火、賀武奈備などとも書く。いずれも神隠の意味で、神の居る山、すなわち神体山として崇敬、信仰されるものをいう。富士山に代表される左右相称の独立峰が多いが、峰が二つ（二上山）、あるいは三つ（三峯山）、などもある。

このタイプの神道信仰は、三輪山と大神神社（奈良）、白山と白山比咩神社（北陸）、大山と大山阿夫利神社（神奈川）、岩木山と岩木山神社（青森）など全国各地にみられる。中には、大神神社のように三輪山そのものを御神体として、神社に本殿を設けず、拝殿のみという形のものもある。

「ひもろぎ」は、神籬、霊諸木などとも書く。神の依り代たる森や樹木をいう。ひいては、榊などの常緑樹で四方を囲み、注連縄を張り巡らして中央に幣帛などを立てた祭壇をいう。いずれにしても森、または擬似森で、神のすまう場所、降臨する場所、神々の集いたまえる場所である。鎮守の森の原型だ。

「いわくら」は、磐座と書く。磐境（いわさか）も関連の施設である。

磐座は巨石（メガリス）のことで、それ自体が神の依り代だ。また磐境は環状列石（ストーン・サークル）であって、結界を造りだしている。両方の組み合わせであることが多い。

「ひ」は、靈、日、火なども書き、太陽信仰である。

太陽は光を発することから光の信仰であり、太陽光を集めて火を生み出すことから火の信仰でもある。また風の信仰、空気の信仰でもある。太陽は地上のすべてのものに降り注ぐところから、森羅万象に神々の遍在すること、すなわち精霊（アニマ）の意として靈（ひ）とする。「八百万の神々」の本質である。

このように、神奈備（かんなび）、神籬（ひもろぎ）、磐座（いわくら）、靈（ひ）の四つが、神道の本来の姿である。そしてこれらが、陰陽道の「四神」なのである。つまり、次のような配当となる。

青龍（せいりゅう）＝神籬（ひもろぎ）——神籬は、清流が走る蒼々（あおあお）たる豊かな森。だから青龍である。

朱雀（すざく）＝靈（ひ）——靈は、赤く照り輝く陽光。だから朱雀である。

白虎（びゃっこ）＝磐座（いわくら）——磐座は、力強く白き岩山。だから白虎である。

玄武（げんぶ）＝神奈備（かんなび）——神奈備は、玄（くろ）き武（たけ）き山、だから玄武である。さらにその真上の玄（くろ）き空に武（たけ）き輝きを放つ北極星である。

神籬は青龍、すなわち旺気を保持する所である。

靈は朱雀、すなわち旺気を増幅し、さらなる力を与える根元である。

磐座は白虎、すなわち太極・明堂の守護である。

神奈備は玄武、すなわち祖山主山である。旺気は、これより発する。

なお、別掲の「五行配当表」で、この世界のさまざまな現象事象を「五元素」として示した。ところが、陰陽道で最も重要な「四神」は、「五神」ではない。すなわち中央に「第五の神獣」がいるべきではないか。他の四聖獣にまさるもの、文字通り中心となるべきもの、それが「第五の神獣」であって、本来は「五神相応」であるべきではないのか。——これについても、解答がある。

『孔子家語（けご）』執轡（しっぴ）篇に「五虫」という概念がある。ここで言う「虫（蟲）」とは動物、生き物の意だ。

鱗虫——鱗のある生きものの長は龍

羽虫――羽のある生きものの長は鳳凰
毛虫――毛のある生きものの長は麒麟
介虫――固い殻のある生きものの長は亀
裸虫――鱗も羽も毛も甲殻もない生きものの長は聖人

つまり「第五の虫」は、人という獣でありながら神となった者、要するに「聖なる

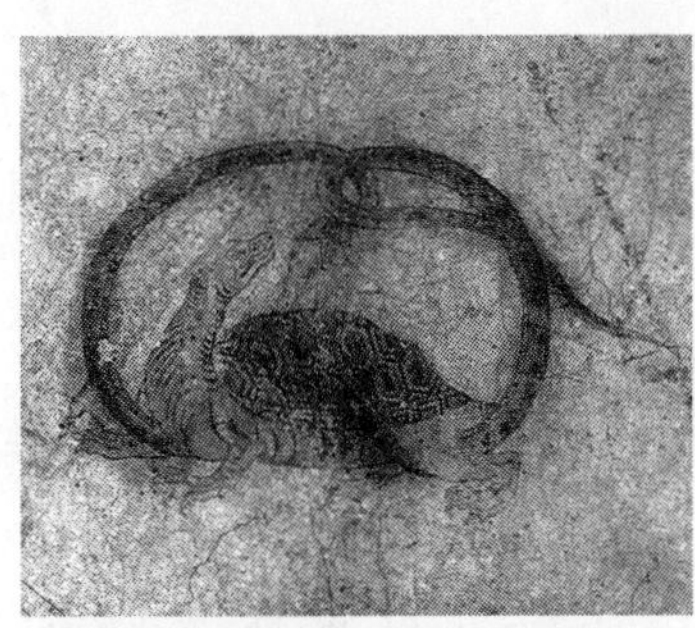

玄武（キトラ古墳壁画）

	五行	木	火	土	金	水
基素	五色	蒼	朱	黄	白	黒
	五星	歳星	熒惑	鎮星	太白	辰星
		木星	火星	土星	金星	水星
	五方	東	南	中央	西	北
	十干	甲・乙	丙・丁	戊・己	庚・辛	壬・癸
	十二支	寅卯	巳午	丑辰未戌	申酉	亥子
時素	五季	春	夏	土用	秋	冬
	五節句	人日 正月7日	上巳 3月3日	端午 5月5日	七夕 7月7日	重陽 9月9日
	十二月	1～3月	4～6月	-	7～9月	10～12月
天素	五虫	鱗虫	羽虫	裸虫	毛虫	甲虫
	五神獣	青龍	朱雀	黄龍	白虎	玄武
	五龍	蒼龍	紅龍	黄龍	白龍	黒龍
	五神器	銅矛・銅戈	銅鏡	勾玉	銅剣	銅鐸
体素	五官	目	耳	鼻	口	皮膚
	五塵	色	声	香	味	触
		視覚	聴覚	嗅覚	味覚	触覚
	五臓	脾臓	肺臓	心臓	肝臓	腎臓
	五腑	胆嚢	小腸	胃	大腸	膀胱
	五指	薬指	中指	人差指	親指	小指
食素	五味	酸味	苦味	甘味	辛味	塩味鹹味
	五穀	胡麻	麦	米	黍	大豆
音素	五声	呼び声	笑い声	歌声	叫び声	呻り声
		角（ラ）	徴（レ）	宮（ド）	商（ソ）	羽（ミ）
人素	五事	貌	視	思	言	聴
	五常	仁	礼	信	義	智
地素	五大陸	オースト ラリア	アフリカ	ユーラシア	北米	南米
	日本五州	四国	九州	本州	北海道	樺太

五行配当表

人」である。他の四聖獣の上に位するもの、それは聖人である。これこそ陰陽一対の聖なる人、すなわちこれが「大極」であって、その存在によって完全なる「五神相応」となる。これをもって「神道五行説」と私は名付けている。

さて、『簠簋内傳金烏玉兎集（ほきないでんきんうぎょくとしゅう）』は、ある意味で「この世の真理の集大成」だ。ぜひ一度、手にとって開いてみていただきたい。それらは、現代の私たちの生活に深く入り込んでいるものがたくさんある。『簠簋』を通読する機会はなかなかないと思うが、現代の日本人の暮らしや文化がどこからやってきて、どんな思想の上に成り立っているのかを知ることのできる、貴重な資料である。

明治政府の政策で、一八七〇（明治三）年に陰陽寮が廃止され、天文は国立天文台に、暦その他は東京帝国大学にその役割を移管、陰陽道そのものも消滅した。鎮宅霊符神への信仰も、これを契機に一気に衰退し、護符を掲げる家も見かけなくなる。つまり、一般の人が陰陽道に接する機会が失われたのだ。以来、百数十年が経ち、私たちは陰陽道を思い出すためにはあらためて一から独学で勉強しなければならない状況に置かれている。私たちの神話や、私たちの歴史を理解するために必須の陰陽道という学理を、誰も教えてくれないのだ。これでは神話も歴史も完全にはわかるはずがないだろう。

吉野裕子氏は「天皇は陰陽の統合体である」と指摘している（『陰陽五行と日本の天皇』）。すなわち、五行のすべては北極星＝太一を中心に巡るものであり、太一こそは観念の天皇であるとする。

これはすでに述べた天皇の語源である天皇大帝に一致する。天皇大帝＝太一＝北極星という道教・陰陽道の思想によって、天皇はこれを体現しているのだ。

北極星を具現するアメノミナカヌシ

神話の性質は、何の神から始まるのかによって、その方向性が見えて来る。

日本神話ではアメノミナカヌシ（天之御中主神・天御中主尊）がその基準となる神だろう。

『古事記』で第一番に登場する神が、天之御中主神である。その前にはいかなる神も存在しない、名実共に初発の神である。

そして「天の真ん中にいる神」というその神名から、誰もが北極星を連想するに違いない。

ということは、『古事記』神話は、北極星から始まって、太陽（アマテラス）と月（ツクヨミ）に至る「天文神話」とも理解できる。

ところがこれが『日本書紀』ではまったく異なる。

書紀本文にはこの神は登場せずに、脚注の一書（しかも第四）に天御中主尊として異端の説であるかのように紹介されているにすぎないのだ。

本文ではあくまでも日本の国土は自然の造山活動として発生したかのように述べられていて、こちらはさしずめ「自然科学神話」であるかのようだ。

また『先代旧事本紀』では大祖に次ぐ一代目の天神として二番目に天御中主尊が登場するが、国土誕生そのものは書紀の思想に近い。

アメノミナカヌシを祭神とする神社は全国に約一五〇〇社ある。

一見、かなり多いことからアメノミナカヌシ信仰というものが日本全国に根付いているかのように思われる。通常はこれだけの数の神社があるということは、かなり古くから信仰されていて、永い歴史があればこそ、そこまで広く鎮座したのだと考えるのが理屈というものだ。

しかし実は、この中に古社は含まれていない。ほぼすべてが中世以降のもので、妙見神社系はその名が示すように神仏習合以降のもの。また水天宮のように明治になってから祭神を変更したもの、合祀・配祀したものも少なくない。

さらに神話に事績がまったく描かれていないところから、この神を祖神とする氏族もない。

したがって古来特定の信仰対象とならなかったのだが、幕末に平田篤胤が独自の教学を作り上げたところから突然広まることになる。

北辰は北斗に乗って天上を巡る

この神は、時と共に変容して来た。初め道教の最高神である鎮宅霊符神として信仰されていたものが、仏教の妙見信仰と習合し、さらに神道のアメノミナカヌシ神と習合する。その根拠は、いずれの神も本体は「北極星」とされているからである。

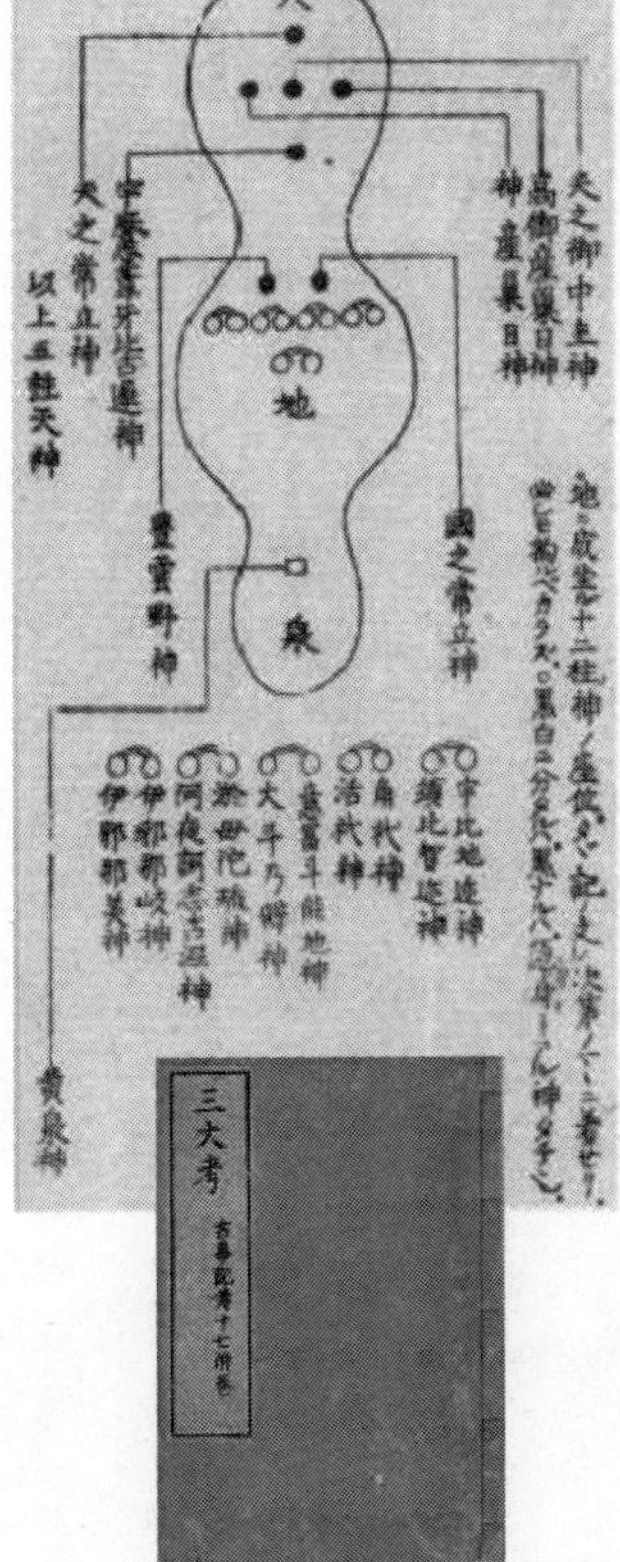

『三大考』の宇宙図（筆者蔵）

▼道教・陰陽道——鎮宅霊符神（天皇大帝）
▼仏教——妙見菩薩
▼神道——天之御中主神

北辰——天帝・太一・紫微大帝——北極星の神格化
北斗——北斗真君——北斗七星の神格化

『史記』の『天官書』に、こう記されている。

「北斗は天帝の乗車である。天帝は北斗に乗って天上を巡り、四方を制し、陰陽を分け、四季を立て、五行を均しくし、季節を移し、諸紀を定める。」

これが北辰と北斗の〝関係〟である。『史記』が成立したのは紀元前九一年であるから、すでにそれ以前にこの思想はかなり浸透していたということになる。北辰と北斗は、後には混同されることが少なくないが、信仰としては一体化できる性質にあると理解することができるだろう。北辰は最上位に位する唯一無二の天帝であるが、活動するためには北斗が必要不可欠である。そういう意味で一体とする。

なお、神社・寺院の別なく鎮宅霊符神は祀られていたのだが、明治政府によって禁止されたため、神社は主にアメノミナカヌシ神に、また寺院は妙見菩薩に呼び名を変えている。本来的には、北辰信仰と妙見信仰とは同じものなのだが、相互に複雑な異同があってわかりにくくなっている。

たとえば神社には北辰神社もあれば妙見神社もあり、他の呼び名もある。祭神に関係なく呼び名だけで神社を分類すると次のようになっている。

▼北辰神社――二二社
▼妙見神社――四一九社
▼鎮宅霊符神社・霊符神社――七社
▼天之御中主神社・天御中主神社――五六社
▼北斗神社・七星神社――一二社
▼星宮・星神社――四六七社（このうち半数近い二一二社は栃木県内に鎮座）
（＊公称と通称が異なるため一部重複もあり）

言うまでもないが、これ以外に寺院も多数ある。代表的なのは大阪の能勢妙見山。

日蓮宗の能勢妙見山は、近松門左衛門や歌舞伎役者、坂田三吉などの信仰も集めていた。また東京別院は、勝海舟とその父が熱心に信仰していたことでも知られている。海舟という名の由来にも関係がありそうだ。

▼能勢妙見山　大阪府豊能郡能勢町野間中
▼能勢妙見山別院　東京都墨田区本所

能勢氏の氏神として古くから祀られていた「鎮宅霊符神」を法華経の守護神「妙見大菩薩」とし、領地が一望できる為楽山の山頂に祀った。これが能勢妙見山の始まりである。日蓮がみずからの守護神としたところから、日蓮宗の寺院では妙見菩薩を祀っている。

安永三（一七七四）年、能勢家の江戸下屋敷内（現在地）にも妙見堂を建立したのが能勢妙見山別院の始まりである。

北辰信仰

次は、北辰信仰（妙見信仰との習合を含む）の祭神名を概観してみよう。

［祭神名一覧］
七星、大星神北辰大神、北極星、北辰星、北辰星命、北辰菩薩、北辰様、北辰鎮宅靈符尊神、北斗七星、北斗七星神、北斗星、北斗尊神、北斗大神、北斗北辰、北斗妙見。

ご覧のように、ひとくちに北辰信仰と言っても、その祀る神の名には微妙な違いがある。北極星と北斗七星が混同されているのは先に指摘したとおりだが、それがそのまま信仰の本質でもある。すなわち、一体のもの、と理解したい。『天官書』にあるように、北辰は北斗に乗って活動するのだ。

妙見信仰そのものは中世以降のものであって、妙見菩薩とはスドリシュティ、北極星および北斗七星を神格化したものだ。

ちなみに、北辰一刀流・千葉周作の道場は「玄武館」と呼称していたが、その由来もこれによる。

社名に北辰や北斗を称しているもの、また祭神に北辰およびその別名を祀っているものは先に紹介したように多数に上るが、数も限られているので北辰神社系二二社（社名・通称に北辰が付いているもの）についてのみ概観してみよう。いくつか気がつくことがある。

［北辰神社一覧］

▼北辰社　大崎八幡神社境内社　宮城県仙台市青葉区八幡
【祭神】天之御中主神

▼北辰神社〈通称〉妙見様　宮城県栗原市若柳字川北欠
【祭神】天御中主神（配祀）素戔鳴尊

▼星神社〈通称〉星之宮北辰尊星（ほしのみやほくしんそんせい）　福島県南相馬市小高区行津字宮下
【祭神】天之御中主之神

▼北辰鎮宅霊符社（ほくしんちんたくれいふしゃ）　飯玉（いいだま）神社境内社　群馬県前橋市広瀬町
【祭神】北辰鎮宅靈符尊神

▼北辰神社〈通称〉妙見様　埼玉県さいたま市岩槻区横根
【祭神】天御中主尊

▼北辰神社〈通称〉妙見様　埼玉県さいたま市岩槻区横根
【祭神】天御中主尊

▼北辰神社　千葉県成田市高倉
【祭神】天御中主命

▼北辰神社〈通称〉妙見宮　千葉県鴨川市北小町

【祭神】天御中主神（配祀）天照大神（合祀）天穂日命　國常立尊
▼北辰神社〈通称〉妙見様　長野県飯田市大字松尾
【祭神】天之御中主命
▼北辰神社　開口（あぐち）神社境内社　大阪府堺市甲斐町東
【祭神】天御中主神
▼北辰神社〈通称〉妙見さん　兵庫県明石市二見町東二見字宮ノ北
【祭神】天御中主神
▼北辰神社　兵庫県姫路市夢前町杉之内字山口
【祭神】不詳
▼北辰神社〈通称〉みょうけんさん　兵庫県姫路市林田町松山
【祭神】少彦名神
▼北辰神社〈通称〉妙見之神　兵庫県淡路市塩尾（淡路島）
【祭神】天之御中主大神
▼北辰妙見神社〈通称〉妙見さん　和歌山県伊都郡かつらぎ町滝
【祭神】妙見尊　素盞男命　蛭子命　譽田別命　市杵嶋姫命
▼北辰神社　天津神社境内社　島根県雲南市加茂町大崎
【祭神】北斗七星神

▼北辰神社　柿本神社境内社　島根県益田市高津町上市イ
【祭神】天之御中主神（配祀）宇迦之魂神
▼志度石（しどいし）神社〈通称〉北辰妙見宮　山口県大島郡周防大島町大字東屋代
【祭神】國常立尊　大多満流別命　豊御食炊屋姫命
▼北辰社　若宮八幡神社境内社　大分県豊後高田市大字高田
【祭神】（配祀）北辰様
▼北辰社　八幡奈多宮（なだぐう）境内社　大分県杵築市大字奈多
【祭神】菅原道真　産靈神
▼北辰神社　宇佐神宮境内社　大分県宇佐市大字南宇佐
【祭神】天御中主神　高皇産靈神　神皇産靈神
▼天御中主（あめのみなかぬし）神社〈通称〉北辰（ほくしん）さあ　鹿児島県国分市清水
【祭神】天御中主命　大日孁貴尊　月夜見尊　伊弉諾尊　伊弉冉尊

――福島県南相馬の星神社は「星之宮北辰尊星」と通称される。その由緒にはこう書かれている。

「北辰妙見は、太一北辰尊星と号し奉り諸々の星の上首たり。
神道においては、天之御中主大神、国常立尊と号し奉り、本朝開闢之祖神たり。

真武太一上帝霊応天尊と号しては、神仙の始祖なり。
妙見大薩埵と号しては、諸菩薩の上首たり。
太一上帝と称しては、儒教に尊奉す。
太極元神と号しては、卜筮家に於て尊信す。
かゝるが故に、天竺、震旦、日域、諸国に於て尊奉し恭敬する事をしりぬべし。
我が朝に於ては、毎年元旦、天子は、北辰尊星を拝し、天地四方を拝す。
三月三日、御燈を北辰尊星へ奉らる。」（「星之宮北辰尊星　星神社由緒」）

注目すべきは和歌山の北辰妙見神社だ。祭神には妙見尊とともに蛭子命と見える。しかも社殿は「北向き」である。北極星に向かって建設されたと考えられるが、実は「北向き神社」というのはきわめて珍しい。
その一つに鹿児島県の鑰島神社がある。

▼鑰島神社　鹿児島県霧島市隼人町真孝
【祭神】火闌降命　隼人命　大隅命　應神天皇　豊玉姫命　神功皇后

境内・社殿はいささか寂しいが、由来はきわめて古い。

祭神の火闌降命は海幸彦のことである。隼人の祖神とされる。

これに対して、鹿児島神宮の祭神は彦穂々出見尊であって、すなわち山幸彦である。

この符合は何を意味するのか。

社名の鑰島は、

「平安時代　堀河天皇の寛治五年　鹿児島神宮焼失後　承徳元年（一〇九七）に神宮の鑰をこの神社に納められてから鑰島神社と言うようになった」

と境内掲示の由緒にあるが、私はこの説を採らない。

前に紹介した『八幡御因位縁起』を思い返していただきたい。大比留女が王子とともに流されたくだりである。

「空船(うつろぶね)を彫刻(つく)りて後に、印鎰(いんいつ)とともに母子を流罪す。」

という一節がある。ここにある「印鎰」とは印と鎰、つまり印鑑とカギである。印鑑は国王の印璽で、カギは王宮の合い鍵だろう。つまり王家の正統なる者という証しである。

もしこの伝承が事実であるならば、印は鹿児島神宮の御神体として祀られ、鎰は鑰島神社の御神体となったとも考えられる。「カギ島」という社名の由来である。

しかし私は、さらに素朴な発想を得た。『八幡御因位縁起』は本地垂迹説であるから、成立自体は中世以降のものだろう。しかし神社はそれよりはるかに古くから存在するし、しかも記紀神話は「御因位」より古い。そこで、より古い由来に基づくと別の「カギ」があるのに気付く。

鑰島神社は隼人族の氏神であって、祭神の火闌降命（ホスセリノミコト）（海幸彦）は一族の祖神である。これに対して鹿児島神宮は天津日高彦穂穂出見尊（アマツヒダカヒコホホデミノミコト）すなわち山幸彦を祭神としている。

つまり、鑰島神社は兄神を祀っているので、こちらが上位となり、鑰島こそは鹿児島の語源であると私は考えている。そして「鑰（かぎ）」の由来は、釣り針を納めたことに拠ったのではないかと。

火闌降命の墓陵は宮崎県の潮嶽（うしおだけ）神社とされるようだが、こちらには依り代として海幸彦伝説の象徴でもある釣り針が納められたものだろう。依り代そのものはすでに失われているかもしれないが、隼人族の拠点として一帯の信仰を集める由縁であるだろう。

▼潮嶽神社　〈通称〉権現様　宮崎県日南市北郷町大字北河内

【祭神】火闌降命　（配祀）彦火火出見尊　火明命

なお、ホスセリを祭神とする神社は全国に一一三社余あるが、東北には二社のみ、関東には三社のみで、ほとんどは中部以西の海に近い場所に鎮座している。

こういった事実は隼人族が海人族であることの証左でもあり、中国江南の呉人とのつながりを示唆するものだ。

ヒルメが辿った海の道は、ここから大分県の宇佐へ向かうことになる。

その宇佐神宮の境内にも北辰神社がある。

神宮の本殿そのものが巨大古墳の山頂に建っているのだが、本殿のすぐ傍らに北辰神社が鎮座している。

宇佐神宮の建つ亀山（小椋山）が巨大な古墳であることは自明だが、当然ながらそこには祭神が埋葬されていると私は考えている。

古社は多くが古墳に建つが、そのすべてが祭神の墓であるだろう。

永い歳月の間に本来の祭神が見失われてしまった社も少なくないのだが、原則としてその地は当初に祀られた神の墓陵である。

神社とは、墓陵を崇敬するために設けられた施設である。

そして、宇佐神宮の鎮座する亀山にはオオヒルメが埋葬されていると私は考えている（詳細は拙著『卑弥呼の墓』参照）。

ヒルメの墓陵が宇佐亀山であるならば、さてそれではヒルコの墓はどこか。論理から云って、それはヒルコを祭神としている古社である。

初めに紹介したように、ヒルコを祭神とする神社は、全国に六八七社余ある。ヒルコの別名とされるエビスを祭神としている神社は全国に一七〇社余。コトシロヌシを祭神としている神社は全国に三三八〇社余ある。スクナヒコナは三三六〇社余。

さらに北辰神社二二社、妙見神社四一九社、北斗神社一二社、星神社四六七社、鎮宅霊符神社七社、アメノミナカヌシ神社五六社がある。

これらの中には「延喜式神名帳」に記載の古社も少なくない。

その中のいずれかがヒルコの墓陵に違いないとは考えているが、それを特定するには私はまだ準備不足だ。かつてヒルメの墓陵を探す旅をしたように、いずれはヒルコの墓陵に辿り着いた報告をしたいと願っている。

太一は太陽・太陰を統括する

『史記』の『天官書』にあるように、北極星の神格化されたものが北辰であり、太一である。

先に紹介したように、伊勢の神宮では、別宮の伊雑宮(いざわのみや)をはじめとする周囲の行催事において「太一」の表示は数多く見られる。

御田植祭では十数メートルもの巨大なサシハが掲げられるが、そこに大書されているのも「太一」だ。

その他、神饌のアワビを採る海女の頭巾にも額に「太一」と書かれ、遷宮の用材を斬りだして運ぶ際にも、その用材の先頭に「太一」の文字が書かれる。

これはすなわち「お守り」であろう。

「太一」と書かれているものもあるが、元は太一である。

機会があって、それらの行催事に参加している何人かに尋ねてみたところ、「太一」のもともとの意味は誰も知らないようで、「まじない文字」「めでたい文字」「お守り」といった答えであった。

しかし、これを「神の名」と思っている人はいなくて、アマテラスの別名と思っている人もいない。

そもそも最も尊い神の御名をみだりに標榜するというのは信仰の心情にそぐわないだろう。畏敬する心があるならば、むしろ秘してしかるべきであって、いたるところに大書しているのには別の意味があると考えるのが自然である。

おそらくは、古道教の究極の神・太一が、日の本の最高神・皇大神宮の祭りをことほぐという意味ではないかと私は考えている。道教と神道の習合である。

これよりはるか後世になって、神道と仏教の習合がおこなわれるが、古代において最初におこなわれたのは、道教と神道の習合であった。

太一とは、太白・太極とも同じで、「陰陽全体」を指す。

内宮は「陽」であり、外宮は「陰」。

したがって太一は、太陽も太陰も平等にことほぐものであるから、外宮の「陰」をもことほぐ。

そして、外宮を太陰と位置付けるなら、これはまさに「月」のことである。豊受大御神が「月」である由縁はない。むろん「太陰」である由縁もない。外宮はツクヨミである。ツクヨミであればこそ、内宮と外宮のこの対比、この論理は成立する。

この仮説を前提とすると整合はみごとに成り立つが、ここで不自然となるのはただ一点、「豊受大神宮」の社名である。もしこれが、ツクヨミを示すものであるならば、どれほどすっきりするだろう。

奈気木の杜

本書冒頭で、私は次のように述べた。

『古事記』としては、ヒルコは忌避すべき存在として位置付けられたことは間違いないところだが、その理由は隠されている。

こういった神話構造には必ずなんらかの意図が伏在している。そうでなければ、右に述べたような記述を冒頭部分に持ってくる必要がない。

神といえども一度は誤りを犯す、ということのみが言いたいのであれば、それを「蛭」にまで貶める必要はない。おぞましくも凶々しい存在として登場させる底流に、正体不明の「敵意」を感じるのは私ばかりではないだろう。流して棄てなければならないなにものかがあって、神話ではこの一節をもって切り捨てて、そこから新たな建国神話を開始しなければならなかったのではないか。

「もう一つの建国神話」

そう呼ぶべきものが先にあって、ヒルコとはその象徴なのではないか。『古事記』が忌避しなければならない真相が、ヒルコの由来にはあるのではないか。

さてそれでは、ヒルコの行方はどうなったのか。

昭和十六年発行の鹿児島神宮の由緒には境内近隣の紹介にこう見える。

「奈気木(なげき)の杜（神宮を距たる東北十三丁）

神代の昔　神蛭兒は御子の中に入らずとして樟舟に乗せ海に放たせ給ふた、

その舟が風のまにまに此地に漂着し、舟は根を下し葉を生じ樟の大木となつた、

その木は中古枯れたが今猶枯根が現存して居る。

古今和歌集の奈気木の杜の数首は此処を主題としたもので、都の貴紳の間にも知られて居つたのである、

此処に蛭子を祭神とした蛭子神社があり、祭祀の年代は詳でないが、大隅二宮と称するのは此社である。」（『官幣大社鹿児島神宮略誌』）

大隅一宮は鹿児島神宮であるが、二宮以下は公式には不詳とされている。

しかし別掲の図版を見ると「二之宮」とある。これは薩摩藩が天保十四（一八四三）年に制作した『三国名勝図会』の中の一ページだ。

奈毛木神叢（『三国名勝図会』より）

蛭子神社は地元では「二宮大明神」とも呼ばれているので、共通認識としてあったことがわかるだろう。

また蛭子が漂流した際に失くした舵の流れ着いた地が、現在の加治木であるという地名由来の伝承もある。海人族とのつながりはここにも見て取れる。そして社名は、もちろん「エビス」ではなく「ヒルコ」と訓む。

▼蛭子神社　〈通称〉二宮大明神　鹿児島県霧島市隼人町内

【祭神】蛭兒命

すなわち、
大隅一宮（鹿児島神宮）にはヒルメが祀られ、
大隅二宮（蛭子神社）にはヒルコが祀られている、
ということだ。
一宮は隼人の氏神であるから、直接の祖先神であるホホデミ（天津日高彦穗穗出見尊）、いわゆる山幸彦が主祭神となっているが、八幡神とその母も祭神である。
ただし現状は、八幡神とされるホムダワケ（品陀和気尊＝応神天皇）、その母はオキナガタラシヒメ（息長帯比売命＝神功皇后）として祀られている。
しかしこれは宇佐神宮の八幡解釈に合わせたもので、本来のものではないだろう。
隼人の氏神に配祀されているのであるから、「八幡神とその母」であるのは間違いないので、本来は「八幡という名の太子」と「その母・大比留女」であるだろう。
ちなみに、神社の祭神名は、長い間に変遷する例が珍しくない。信仰の本質は維持されながら、神名のみを時代背景や政治環境などに合わせて変えることで、いわば生き残りを図ることもある。
鹿児島神社（当時）は、大隅正八幡宮という呼び名を前面に掲げたことによって宇佐神宮との〝本家争い〟が勃発し、血腥い争闘が繰り返された歴史を持っている。しかしその後、東大寺落慶法要における主宰的役割や、道鏡事件での和気清麻呂への神託などもあって、宇佐は政治的に確固たる地位を築く。

これに比して、鹿児島神社は南の果てにあって、朝廷との関わりは希薄となって、主導権を中央に委ねることを余儀なくされたものだろう。

朝廷その他から幣帛を受ける立場上、その意向に従わざるを得ない。おそらくはそういった流れの中で「陳大王伝説」は棚上げされて、呉太伯も祭神から除かれ、八幡神と大比留女の名も書き換えられたに違いない。

陳大王伝説をどれほど子細に検討しても「ヒルコ」の手掛かりは見つからないが、なによりも実在の古い祭祀にヒルコは顕現していた。しかも、「奈気木(なげき)の杜」の伝承を見ると、陳大王伝説と相似形の「漂着神話」となっている。

鹿児島神宮の門前から北東に川沿いの道が通っている。この道をひたすら進むと一五〇〇メートルほどで蛭子神社の前に出る。二つの神社は、一本の道、一本の川でつながっている。蛭子神社は、さながら鹿児島神宮の奥宮のようだ。

ヒルコとヒルメの渡海

「陳大王伝説」は歴史ではなく、創作とすることに異論があるわけではない。ただ、創作の材料素材となるものが前提にあって、このような縁起次第が組み立てられたのだと解釈するのにさほど無理はないだろう。

ヒルメ神話とヒルコ神話が、ともにこの地に伝承されているのを、単なる偶然として切り捨てるのはむしろ不遜というものではないか。

中野幡能氏も「呉・太伯」が祀られていた事実をふまえて「中国の江南地方との交通はかなり古くから行われた」と判断している。

オオヒルメ（大日孁貴）がアマテラス（天照大神）の本名であることは『日本書紀』によって明らかである。

そして、オオヒルメが「太陽の子」を懐妊したという伝承がある。

太陽の子とは、太子であり、八幡であるのだろう。

アマテラスを太陽神とする由来にもなるとともに、八幡神が太陽神の子であるという意味はきわめて象徴的だ。

図をご覧いただきたい。太伯の血脈は紀元前三世紀から前二世紀頃に海を渡って新天地を求めた。呉国が滅亡して二百年後のことである。

ヒルメは、呉人と越人の集団を率いて東海を渡り、大隅へ着く。

一方、ヒルコは北回りの海路を取り、済州島に立ち寄った後に、出雲へ着く。

いずれも航海術に長けた海人族が主力となって従ったであろうと思われる。

ヒルメがアマテラスの本名であるように、ヒルコはスサノヲの本名である。

すでに見てきたように、北極星はアメノミナカヌシである。ヒルコは北極星ではない。

ヒルコはヒルメとともに太陽神だ。

太陽信仰に基づいているからこそ、ヒルメもヒルコも太陽の化身という意味の名になっている。

馬琴は誤認した。ヒルコは「三男」という先入観、固定観念に呪縛されたのだ。

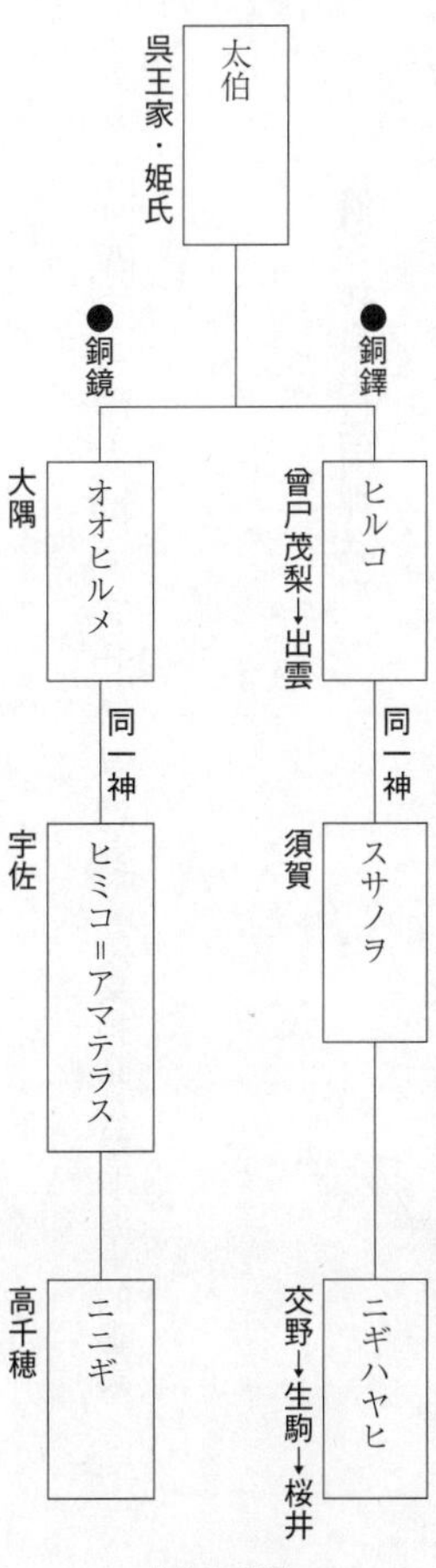

根源の系統

第五章　降臨する現人神・スサノヲの謎　渡来神話が示す歴史的事実

消された「建国神話」

前章で仮定した「ヒルコ＝スサノヲ」の実像、正体をこの章で提示しよう。
元々はヒルコ（オオヒルコ）と呼ばれていたが、須賀に居を構えたことで「須賀の王」と呼ばれたのだろう。だからスサノヲは、「須賀」からの名である。

筆者は前著『怨霊の古代史』で、蘇我氏の氏神としてスサノヲの来歴を検証した。以下は前著と重複するが、後段のために必要不可欠なので要約して記す。

スサノヲを祀る「素鵞神社」は、本社・摂社・末社を併せると、全国に一三五社ある。

読み方は「そが」が多数で、一部「すが」。
佐賀県の一社は、素鵞神社と書いて「すさのをじんじゃ」と読む。「スガ」と「スサ」

の混用がここにも見られる。

祭神はもちろんすべてスサノヲ（素盞嗚尊・須佐之男命）である。

なかでも重要なのは島根県の一〇社だ。

出雲は、素鵞社の祭神であるスサノヲの故地であり、一連のスサノヲ神話はまさにこの地においてのものである。

なお同じ表記でも訓みが異なるため全社に読み仮名を付した。三社が「すが」、七社が「そが」である。祭神はすべてスサノヲ神。

▼素鵞（すが）神社（方結（かたえ）神社境内神社）　松江市美保関町片江
▼素鵞（すが）神社（奢母智（しゃもち）神社境内神社）　松江市美保関町諸喰
▼素鵞（すが）神社（三保（みほ）神社境内神社）　松江市美保関町福浦
▼素鵞（そが）神社　八束郡東出雲町下意東
▼素鵞（そが）神社　玉作湯神社境内社　松江市玉湯町玉造
▼素鵞（そが）神社　湯神社境内社　雲南市大東町中湯石
▼素鵞（そが）神社　加多神社境内社　雲南市大東町大東
▼素鵞（そが）神社　〈通称〉天王社　雲南市大東町飯田
▼素鵞（そが）神社　子安八幡宮境内社　雲南市木次町山方

▼素鵞社(そがのやしろ)　出雲大社(いずもおおやしろ)境内社　出雲市大社町杵築東

一〇社のうち、実に八社が「境内社」になっているのは、素鵞神社が冷遇されてきた歴史を示すものだろう。

しかもスサノヲの故地でありながら、一〇社いずれも式内社ではない。さながらスサノヲは天神ではないかのような扱いだ。

なお全国各地の例を見ても、由緒ある古社でありながら式内社となっていないものも少なくない。香椎宮、石清水八幡宮、八坂神社、熊野三社など遥かに古い由緒がありながら「延喜式神名帳」には収録されていない。これらを式外社(しきげしゃ)という。

延喜式内社を選定したのは他ならぬ中臣氏である。したがって中臣氏の意に添わない神社は除外されている。「中臣神道」ともいうべき体系がつくられつつある時でもあって、相容れない独自の信仰体系を確立しているものや、仏教などの異教と習合しているものなどは除外されている。

とくに注目すべきは、「延喜式神名帳」には収載されていないが、それよりもはるかに古く成立している「風土記」に収載されている神社であろう。

「風土記」は、七一三(和銅六)年に撰進の命が発せられて、各地の国造らがそれに応える形で報告した文書である。

残念なことに大半は散逸しており、逸文が見られるにすぎないが、唯一完全な形で残っているのが『出雲国風土記』である。七三三（天平五）年成立と明記されている。「延喜式」が施行されたのが九六七（康保四）年のことであるから、「風土記」のほうがはるかに古い。

右の一〇社の中では、方結神社、三保神社、玉作湯神社、加多神社（加多社）の四社が「風土記」に収載の神社だ。式内社制度より古いということになる。出雲大社（杵築大社）のみはもちろん「風土記」にも収載されているが式内社でもある。

つまり出雲の素鵞神社は、境内社とはいうものの、式内社や風土記社の境内社になっているということである。境内社となった経緯は明治新政府による神社合祀令などもあるだろうが、つまびらかにしない。それでも言えるのは、中央からは冷遇されたが、出雲においては尊重されてきたということだ。

なかでも最も重視しなければならないのは、出雲大社の境内社となっている素鵞社である。

オオクニヌシは「国譲り」した。つまり、その時点でもはや国土の主宰神・守護神ではないことになる。幽世（かくりよ）（あの世）の主宰神となって、現世（うつしよ）（この世）とは関わりのない神となったはずなのだ。

したがって、もし国土の神の守護を願うのであれば、オオクニヌシから国土を譲り受けた「天孫」にこそ祈願すべきところである。

ところがその後も出雲では地主神は依然としてオオクニヌシであり、さらにその祖先神たるスサノヲこそが大地主であるのだ。

ちなみに、いわゆる「国譲り神話」は記・紀に記されているところから、日本人の誰もが知る代表的な神話である。

ところが、『出雲国風土記』には、国譲りについての記述はまったくない。

つまり「国譲り」は、記・紀は認めるが、『出雲国風土記』は認めていない、ということだ。ヤマト朝廷は「国譲り」だと言っているが、出雲の国造はそれについて沈黙している。少なくとも追認していない。

これらは以下の事実を示唆している。——すなわち、オオクニヌシはヤマト朝廷によって創り出された神であり、統合神として地祇（くにつかみ）の象徴とされた。

そしてスサノヲこそが、出雲の根源神であって、最も古い神である。

オオクニヌシがオオナムチ以下多くの別名を持ち、しかして実体が定まらないのはこの理由によっている。特定の固有性はもともとオオクニヌシには存しないのだ。

出雲大社がオオクニヌシを鎮魂するために建てられたことは記・紀に明記されてい

る。

「国譲り」という美名によって糊塗されているが、実態は「服属」であろう。出雲地方に蟠踞していたスサノヲの末裔たちを大社に祀り上げることによって、ヤマト政権は成立したのだ。オオクニヌシとは、彼らの集合体としての神名である。政権移行のためには多くの血が流されたであろうし、新政権に対する「怨み」も残ったに違いない。出雲大社（杵築大社（きつきのおおやしろ））は、その鎮魂の社である。

それを背後から見守る素鵞社は、怨霊化を封印する意味も持たされているのだ。

この地に吾居ること欲さず

スサノヲを祭神とする神社は、全国に一万三五四二社ある（境内社も一社に数える／アマテラスを祭神とする神社が一万三五八二社であるから、ほぼ同数）。

そのなかでも「八坂神社」が一番多くて二五〇九社。祇園祭で知られる京都の八坂神社が総本社である。

祇園祭は、正しくは祇園御霊会（ごりょうえ）といって、平安京の御霊信仰を象徴する催事である。創建についてはいくつもの伝承があるが、六五六（斉明天皇二）年に高句麗から来日した調進副使・伊利之使主（いりしおみ）が、新羅の牛頭山（ごずさん）に祀られていたスサノヲを山城国愛宕郡八坂郷に祀ったとの記録がある。

ただ、牛頭天王もスサノヲもともに祟り神・災厄をもたらす神とされていたことから、政治的な一体化が図られたもので、牛頭山に祀られていたのはその山名の通り牛頭天王であってスサノヲではない。

このような誤伝が発生する源は、おそらくは『日本書紀』の記述にあるのだろう。

高天原から追放されたスサノヲは、新羅の曾尸茂梨に降ったが、

「この地に吾居ること欲さず(乃興言曰　此地吾不欲居)」

と言って、そのまま土船で東に向かい、出雲国斐伊川上の鳥上の峰へ到った。

「遂以埴土作舟　乗之東渡　到出雲國簸川上所在　鳥上之峯」とある。

そして八岐大蛇を退治したという次第である。

降臨に同行していた息子の五十猛神は、高天原から持ってきた木々の種を、韓の地には植えず、大八洲に植えたので大八洲は森林の地になったというものだ。

曾尸茂梨が現在のどの地にあたるのか不明であるが、この経緯は日本が豊かな森林の国であることの由来をも示唆している。すでに七世紀においても、わが国に比べて韓半島は森林が少なかったのだという事実がわかる。

神話伝承をそのまま受け取るのであれば、「居ること欲さず」なのであるから、一時的に立ち寄ったということであって、これをもってスサノヲが韓系(朝鮮系)の神であるとするのはまったくの見当違いである。

もしこの逸話を比喩として解釈したいのであれば、中国その他の出自である者が、東へ移動するのに韓半島を通ったが、ここにはとどまりたくなかったので、通り過ぎて日本へ到達した、という意味になるだろう。古来、韓半島は「通り道」に過ぎないのだ。

また、曾尸茂梨は新羅・牛頭山との説もあるが、どのみちスサノヲおよび八坂神社を韓半島由来としたい者による作為であるから、究明してもあまり意味はない。「朝鮮・韓国起源説」といわれるもののほとんどはこうしたこじつけである。

スサノヲを祭神とする神社の中で注目すべきは、二番目に多い「須賀神社」である。全国に五一一社を数える（なお三番目が氷川神社の四九〇社）。北は秋田・宮城県から南は宮崎県まで分布している。県別では、兵庫が六四社、福岡が一三〇社でとくに多い。

須賀は王宮第一号

その昔、出雲族の鎮魂のために『古事記』神話が作られて、「国譲り」という〝美化〟によって滅亡した出雲族を鎮魂した。

日本神話、とくに出雲神話においてクライマックスはなんといってもスサノヲによるヤマタノオロチ退治であろう。

ヤマタノオロチを退治して、その尾の中から草那藝之大刀（原文のまま）を発見した後、自らの宮を建設する土地を探す。

『古事記』にはこうある。

〈書き下し文〉

「――速須佐之男命は、宮造作るべき地を出雲国に求めたまいき。須賀の地に到りまして、吾れこの地に来まして我が御心須賀須賀し、と詔りたまいし。その地に宮を作りて坐しき。故、そこをば今に須賀という。」

〈訳文〉

「――須佐之男命は、宮居を建設するための場所を出雲に探した。須賀という土地に来たところ、この地に来たら私の心はすがすがしく感ずる、と申された。そこで、この地に宮居を建設して住まわれた。そのゆえに、この地を須賀という。」（書き下し文、訳文とも筆者による）

『古事記』の神話を素直に読めば、この国に天降った天神はスサノヲが最初であり、宮を最初に建設した地は出雲の須賀である。須賀宮こそは、天神の王宮第一号ということになる。

そしてこの地には、現在は須我神社が建っている。

▼須我神社（別名・日本初之宮）　島根県雲南市大東町須賀
【祭神】須佐之男命　奇稲田比売命　清之湯山主三名狭漏彦八嶋野神　（配祀）武御名方命

『須我神社由緒』にはこう記される。

「古事記（和銅五年、西暦七一二年）所載＝肥河上で八俣遠呂智を退治せられた速須佐之男命は、
宮造るべき所を求めて此処、出雲国須賀の地においでになり、
『吾此処に来まして、我が心須賀須賀し』と仰せになって、
此地に宮殿を御作りになりましたが、其地より美しい雲が立ち騰るのを御覧になり、
『夜久毛多都、伊豆毛　夜幣賀伎　都麻碁微爾　夜幣賀伎都久流、其能夜幣賀伎袁』
（やくもたつ　出雲八重垣　つまごみに　八重垣つくる　其の八重垣を）
の御歌を御詠みになりました。

即ちこの宮が古事記・日本書紀に顕われる日本初之宮であります。

そして、ここが、三十一文字和歌発祥の地であり、この御歌の出雲が出雲の国名の

起元であります。

又須佐之男命と奇稲田比売命の間の御子神が清之湯山主三名狭漏彦八島野命で、この三神が当社の主祭神であります。

出雲風土記（天平五年、西暦七三三年）では、此処を須我神社、須賀山、須我小川等の名に表現され、風土記抄（天和三年、西暦一六八三年）には須我村とあり須我は広く此の地方の総称であったことがうかがえます。

須我小川の流域にそって十一の村があって、この須我神社は、この地方の総氏神として信仰されていたものであり、また、須我山（御室山、八雲山）の山ふところには巨岩夫婦岩並びに小祠があり、須我神社奥宮（磐座。いわくら）として祭祀信仰されています。」

この須我の地から、杵築までは直線距離で約十五キロメートルである。

そしてそこに鎮座する出雲大社の祭神はスサノヲではないとすでに述べた。

「スサノヲ」の表記

ところでスサノヲの神名表記は、『古事記』では須佐之男命、『日本書紀』では素戔嗚尊、『先代旧事本紀』では素戔烏尊と記すが、神社によって様々である。

建速を頭に付けたものや、之の字に能や廼などを使ったものなど、ざっと数えただけで三三六種ある。しかし神名表記として重要なのは「スサ」の部分であり、主なものは七種である。

一、須佐之男命
二、素戔嗚尊
三、素佐之男神
四、素沙男命
五、素狭男神
六、素盞烏尊
七、素鵞嗚命

七番目の素鵞嗚命を除いて表記に問題はない。

いずれも「スサノヲ」の音に同音（近似音）の漢字を当てたものだ。

いずれの文字であってもそれ自体にとくに重要な意味はない。

漢字は表意文字であるから、本来は意味によって漢語は作られるものだが、私たちの先祖はこれを当初輸入した頃には表音文字として用いた（万葉仮名）。つまり、本家とは無関係のまったく独自の活用法である。

後々には意味との関連をはかりながらさらなる導入をおこなうようになるのだが、

古い用例の代表とも言える「神名」の表記は、音が優先で、意味は必ずしも絶対条件にはなっていない（したがって、意味がより希薄な神名ほど古い成立であり、意味がより具体的に表現されている神名ほど新しい成立とも言えるだろう）。

その用法からくる語音の成り立ちにおいて「そが」と「すが」は同一である。

ただ、発生は「すが」が古く、「そが」は後発であろう。

しかし漢字表記となると、「須賀」も「素鵞」も元はともに「すが」と読んだはずで、それは祭神名の素戔嗚尊において「素」を「す」と読んでいるからである。

また、「素鵞（スガ）」と「素盞（スサ）」の混在は、言い換えによって正体・系譜を隠そうとしたが、唯一「素鵞」が残ってしまったものだろう。混在こそは、スガからスサへの変換を証言するものである。本来は「素鵞」であることは明白であるにもかかわらず、それ以外のすべての表記が「スサ」の音に漢字を当てているからだ。

太陽王・ヒルコは須賀の地に宮殿を建てて、この地の王として君臨統治した。

人々は敬意を込めて「須賀の宮の王」——スガノヲウと呼んだのだ。

しかしヤマト朝廷へ服属の後は、似て非なる神名・スサノヲを与えられて出雲の系譜に組み込まれ、新たな神話体系にその名を連ねることとなる。

秦使（しんし）の渡海伝説

ところで、そのスサノヲ降臨神話と驚くほどよく似た記録が中国にある。

実に二二〇〇年前の故事を載せた歴史書『史記』の一節（巻一一八淮南衡山列伝）だ。

秦の始皇帝の時代について司馬遷が公式に記録した記事の中に記されている（＊文語の苦手なかたは訳文のみどうぞ）。

〈書き下し文〉

「（秦始皇帝）又、徐福をして海に入りて神異の物を求めしむ。

還りて偽辞を為して曰く、

臣、海中に大神を見る。

言いて曰く、汝は西皇の使いか、と。臣答えて曰く、然り、と。

汝、何をか求むる、と。曰く、願わくは延年益寿の薬を請わん、と。

神、曰く、汝が秦王の礼薄し。観るを得れども取るを得ず、と。

即ち臣を従えて、東南のかた蓬萊山に至り、芝成の宮闕を見る。

使者あり、銅色にして龍形、光上りて天を照らす。

是に於いて、臣、再拝して問いて曰く、よろしく何を資としてか以て献ずべき、と。

海神曰く、令名の男子および振女と、百工の事とを以てせば、即ちこれを得ん、と。

秦の皇帝大いに説(よろこ)び、振男女三千人を遣わし、これに五穀の種種と百工とを資して行かしむ。

徐福、平原広沢を得て止まり、王となりて来たらず。」

〈訳文〉

「(秦の始皇帝は)徐福を海に行かせて神秘のものを探させた。

徐福は帰還すると、こう虚言を述べた。

私は海中の大神に会いました。

神は、おまえは西の皇帝の使いか、と尋ねました。私は、そうですと答えました。

おまえは何を求めて来たのか、と尋ねました。私は、不老長寿の薬をいただきたいと答えました。

神は、おまえたちの秦王は貢ぎ物が少ない。だから、観るだけは許すが、持って行くことは許さない、と言われたのです。

そして私を連れて東南の方位にある蓬莱山に行き、霊芝で造られた宮殿を見せられました。

そこには、銅色の龍が使者として守り、その発する光は天を照らしておりました。

そこで私は再度礼拝して、何を献上すればよろしいのでしょうか、と尋ねました。

海神は、良家の男子と童女、およびあらゆる分野の職人とを献上すれば、得ることができるだろう、と答えました。

秦の始皇帝はこれを聞いて大変喜び、男女の童子三千人と、これに五穀の種子、すべての分野の職人を、徐福に託して送り出した。

しかし徐福は、平野と湖を得て彼の地にとどまり、みずから王となって、戻らなかった。」

（＊書き下し文・訳文とも筆者による）


徐福とは、道教・神仙道の方士（方術士・道士）であった。後世日本で陰陽師と称されたものの原型だ。

秦の始皇帝が徐福に命じたのは「不老不死の薬」を入手することである。中国の歴史上、初めて全土を統一した始皇帝が最後に求めたのは霊薬による永遠の生命であったのだ。

霊薬は、伝説の神仙の国・蓬莱山において入手できるという。

しかしそこは、東南海上にあるとされてはいるものの、方士でなければ近づくことさえできない場所である。

そこで始皇帝は徐福に命ずることにした。

海神への献上として良家の若い男女三千人と、あらゆる分野の技術者たちと「五穀の種子」とを徐福に預けて送り出した。

しかし徐福は、ついに帰ることはなかった。彼の地で平原と湖の地を得て、その王となったという――。

これがいわゆる「徐福伝説」である。

この記事が書かれたのは、徐福が旅立って数十年後のことだ。

それだけに人々の記憶もまだまだじゅうぶんに鮮やかなものであったはずで、司馬遷にとってもさながら「同時代史」を記録するような思いであったに違いない。さしずめ、いま私たちが戦前の昭和史を書くようなものだ。

それだけに「伝説」とはいうものの、まったくの虚構であるとは思われない。おそらくはこれに近い事実があったからこそ伝承されていたものだろう。まだ生き証人がいてもおかしくない程度の時間しか経過していない。

徐福一行の目的地である蓬萊山は、どこを起点にするかで多少変わるが、方角的には日本の九州から沖縄、台湾などが該当する。

いずれにしても三千人+百工が船旅をするとなれば、これは稀に見る大船団である。しかもすべての船に運航のための乗組員がいる。となれば、総勢四千人は下らないのではないか。紀元前二〇〇年頃の社会状況を考えると、来られたほうは国家体制をゆるがすほどの大人数であるだろう。

ちなみに吉野ヶ里遺跡の居住人口が千人程度とされている。

女王ヒミコが死去したのが二四八年頃であるが、侍女千人が仕えており、その当時には邪馬台国の人口は七千余戸であったと記録されている。つまり国家の総人口が数十万人である。徐福一行が渡来したのはそれより五百年ほど前のことだ。

中国の歴史書

ところで、日本の古代史を検証するのに、もっぱら中国の文献資料に頼るのはどうしたことかと思っている読者も少なくないに違いない。

かくいう私も、かつて歴史を学び始めた頃にそう思っていた。日本の歴史なのだから、まず第一に日本の資料を精査すべきではないか、と。

しかし残念ながら日本の文献資料（歴史書）には八世紀以前のものがない。最古の文献が『古事記』で七一二年、『日本書紀』で七二〇年である。残念なことにそれ以前のものはすべて失われてしまった。手掛かりになるものは、「考古学資料」しかないのだ。

なお、隣国・朝鮮の文献はさらに頼りにならない。

『日本書紀』に参考文献として書名の挙がっている「百済三書」（『百済記』『百済新

撰』『百済本記』の総称）が失われたのは残念なことだが、それ以前には文献はなく、それ以後もない。

現存する最古の歴史書は『三国史記』で一一四五年成立であるから、まったく参考にならない。韓国朝鮮は、むしろ日本の文献によって自分たちの古代事情を学んでいるありさまなのだ。

ところが中国には、はるかに古い歴史書がいくつも存在する。とはいっても一般読者にはあまり馴染みがないと思うので、ここで簡単に紹介しておこう。『史記』に始まる歴代の官撰の歴史書を総称して「二十四史」と呼ぶのだが、日本の古代史に関わりが深い唐代以前の十五書を列挙しておこう。書名の後に編纂者名、成立年を付した。

『史記』司馬遷　紀元前九一年
『漢書』班固　八二年頃
『三国志』陳寿　二九〇年
『後漢書』范曄　四四五年
『宋書』沈約　四九〇年頃
『南斉書』蕭子顕　五三七年

『魏書』魏収　五五四年
『梁書』姚思廉　六二九年
『陳書』姚思廉　六三六年
『北斉書』李百薬　六三六年
『周書』令狐徳棻　六三六年
『晋書』房玄齢・李延寿　六四八年
『隋書』長孫無忌ら　六五六年
『南史』李延寿　六五九年
『北史』李延寿　六五九年

すでに紀元前に『史記』が成立しているというのは驚くべきことで、『古事記』より八百年以上も前である。

『漢書』でも八二年頃成立だから、六五〇年近く以前だ。

しかも重要なことは、これらのほぼすべてに、日本と関わりのある記事が記されているということだ。

ここに挙げたものは中国の正史、すなわち国家によって編纂された歴史書であるが、これ以外にも『論衡』『山海経』『翰苑』などがある。それらもやはり記・紀より古く、そして日本（倭人・倭国）についての記述がある。

『漢書』および『論衡』は、ともに一世紀に成立した文献であるが、すでにその時代に「倭人」「倭国」との認識が見える。始まりはいつ頃か判然しないが、少なくともこの直前の時代、つまり周王朝（紀元前一〇四六年頃〜紀元前二五六年）の時には「倭」と呼ばれていた（あるいは名乗ってもいた）と確認できる。

わが国が「倭」から「日本」へ呼称を変えるのは八世紀のことであるから、おおよそ一千年間は「倭」と呼ばれていたということが、中国の歴史書からわかる。

そして同時に、当初から江南地方（呉越地方）とわが国は往来交流があり、長年にわたって特別な関わりがあったことをうかがわせる。

右に紹介した『史記』の徐福出帆記録は、『古事記』より八百年以上前の紀元前のものだ。

そこで、これをもって「日本建国」（倭国創始）とする説もある。

徐福の一団がわが国へやって来るまでにも、各地にそれぞれ小国があって割拠していたが、統一国家はまだなかった。

その当時は、国とはいっても今でいう村落のようなものだ。国家という概念がないのはもちろんだが、それぞれの地域にあったのは「部落意識」というレベルのものだろう。

高度な自治体観念がすでにあったという人もいるが、文字言語が未発達のところに自治体観念は発生しない。

さらに言えば、自治体観念が共有されない状態においては、文化的均質性、つまり一定レベルの文化に達することはないだろう。国家という概念はそこで初めて発生する。わが国がそのレベルに達するのは、まだ先のことである。

徐福ら一行の渡来は、当時の日本においては革命に等しいものであったに違いない。武力衝突があったかどうかはわからないが、上陸して後には、彼をエビス神として崇敬する者は遠方からも数多く集い来たったことだろう。

なにしろ彼らには、金属精錬や土木工学の技術者が揃い、木々や農産物、薬草の種子を保有し、陰陽五行説などの思想・哲学を知悉しているのだ。

しかも船団の乗組員は、すなわち精鋭の〝軍人〟である。

政治的にも宗教的にも軍事的にも圧倒的な大集団であって、紀元前三～前二世紀当時のわが国の人々が太刀打ちできようとは考えられない。その圧倒的な〝文化〟の前に拝跪するばかりであったことだろう。――それは、はるか後世の「明治開国」とよく似た現象であったかもしれない。

琅琊台から済州島を経て出雲へ

徐福の記事は、最古の歴史書である『史記』に記されている。そこには徐福は「斉人」と書かれているが、国の興亡は激しく、斉も紀元前二二一年に滅亡している。たまたまその時に斉に居を構えていたという程度のことだろう。

この当時の人々は、国で特定するよりも地域で特定されなければならない。さらにまた、彼の経歴や志向性からも考えなければならないが、おそらくは江南地方の出自であろうと思われる。

道教の方士は山岳志向と海浜志向とに大きく分かれるが、徐福が海浜志向であったことは始皇帝との件でじゅうぶんにうかがい知ることができる。

なお、江蘇省の徐阜村が徐福の出身地で、今もなお同族が居住していると一部で報道されたこともあるが、根拠はない。近年の付会であろう。

徐福一行の出航地は、琅琊台が有力だ。現在の青島である。

真東が鹿児島になるが、大船団で海洋に乗り出すのは様々な意味で危険でもあるので、沿岸を進んだと考えられる。

そして朝鮮済州島を経由して、出雲地方へ上陸する。

このルートは、海流を利用したものだ。

徐福一行の出帆は、紀元前二一九年のことであったと推定されている。

始皇帝はこの年、泰山に上って封禅の儀式をおこなっている。そして東方の各郡県を巡回し、なかでも琅琊台をいたく気に入り、滞留三月に及び、三万戸を琅琊台の麓に移住させたと伝えられる。

琅琊台には現在、始皇帝の石像が立っている。東の海に向かって両手を大きく広げて立つ姿は、さながら徐福の帰還を歓喜をもって出迎えているかのようだ。もちろん徐福一行は、あれから二千年以上経ついまもなお帰還していないのだが――。

一方、日本には古くから、ある人物が一党を引き連れて渡来したという伝説が、北は青森から南は鹿児島まで全国各地にある。

青森県北津軽郡、秋田県男鹿市、山梨県富士吉田市、愛知県名古屋市、三重県熊野市、和歌山県新宮市、京都府与謝郡伊根町、佐賀県佐賀市、宮崎県延岡市、鹿児島県南さつま市坊津町などその数は三十数カ所に上る。驚くべき数だ。

これらはすべて徐福渡来の伝説と接続されており、もともとすべてが徐福であったのかどうかもわからなくなっている。渡来の人物の屋敷跡や墓所と目される場所などには、それぞれに様々なモニュメントが建てられている。

ヒルコすなわちスサノヲが最初に降臨したのは曾尸茂梨であったと『日本書紀』にあるところから、韓国朝鮮にも徐福渡来の候補地はいくつかある。韓国の研究者は、江原道、春川、済州島などを曾尸茂梨に比定した。候補地の一つ、江原道には江原神社が建立された（戦後、撤去）。スサノヲの宮殿跡と目された場所だ。

▼江原神社（日本統治下の朝鮮）　江原道春川郡春川邑

【祭神】天照大神、明治天皇、国魂大神、素盞嗚大神

創建・鎮座は、一九一八（大正七）年。国幣小社。写真は、江原神社儀式殿。なお、江原神社の跡地には現在はホテルが建てられている。宿泊して、ここから徐福の目線で眺めてみるのも一興か。

徐福の渡来

徐福を祭神として祀る神社は、私の知る限りでは五社ある。

▼新井崎神社　京都府与謝郡伊根町新井松川

【祭神】事代主命　宇賀之御魂命　徐福

▼徐福社　波田須神社境内社　三重県熊野市波田須町

【祭神】徐福

▼徐福宮　阿須賀神社境内社　和歌山県新宮市阿須賀

【祭神】徐福

▼金立神社　佐賀県佐賀市金立町大字金立

【祭神】保食神　罔象女命　秦徐福　（合祀）天忍穂耳命

▼金立神社下宮　佐賀県佐賀市金立町大字金立

【祭神】保食神　罔象女命　秦徐福　（合祀）天忍穂耳命

新宮市の徐福宮は、阿須賀神社の境内に摂社として設けられている。

この地域の地名は阿須賀という。阿須賀地区の北端の河口に面して山があり、それを御神体として鎮座している。

▼阿須賀神社　〈通称〉阿須賀さん　和歌山県新宮市阿

江原神社儀式殿（『大陸神社大観』より）

須賀

【祭神】事解男之命（配祀）熊野夫須美大神　家都御子大神　熊野速玉大神（合祀）黄泉道守命　建角美命

そもそも「アスカ」という呼び名の語源は、清浄な地を意味する「スガ」に接頭語の「ア」が付いたものだ。だから明日香や阿須賀など様々な表記のアスカが全国各地にある。その地域の清浄神聖な場所がアスカと呼ばれているのだ。

だからアスカには神社が建てられている例が少なくない。

なかでも大和国（奈良県）の明日香（飛鳥）は特別で、ここには古代の宮都（皇居・首都）が営まれて、百年余にわたって統一国家ヤマトの中心地であった。この時を「飛鳥時代」という。

ちなみにアスカというヤマト音に「明日香」という漢字を充てたのが最も古く、その後奈良時代に「地名は好字二字」とするように通達がなされて「飛鳥」に変えたものだ。

言うまでもないが飛鳥は音読みでは「ひちょう」、訓読みでは「とぶとり」であって、「あすか」とは読まない。大和を「やまと」と読ませるのと同じで、日本固有の語彙、すなわち和語である。明日香の枕詞が「飛ぶ鳥」であったことから選ばれたものだ。

出雲の須賀という地名が、聖地「スガ」の原点であろう。

阿須賀神社はきわめて古い。発掘調査でも明らかになっているが、弥生式土器の祭器が出土している。蓬莱山では、すでにその時代から祭祀がおこなわれていたのだ。

阿須賀神社は、熊野三社の元宮

ＪＲの新宮駅を出ると、すぐ近くの裏道に面して徐福公園の極彩色の楼門がある。
ここに徐福の墓と伝えられる墓石があって、かつてはそれを囲んで七人の臣下の墓

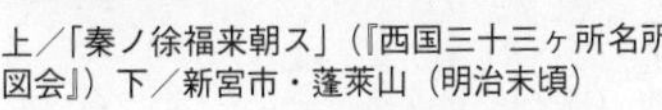
上／「秦ノ徐福来朝ス」（『西国三十三ヶ所名所図会』）下／新宮市・蓬莱山（明治末頃）

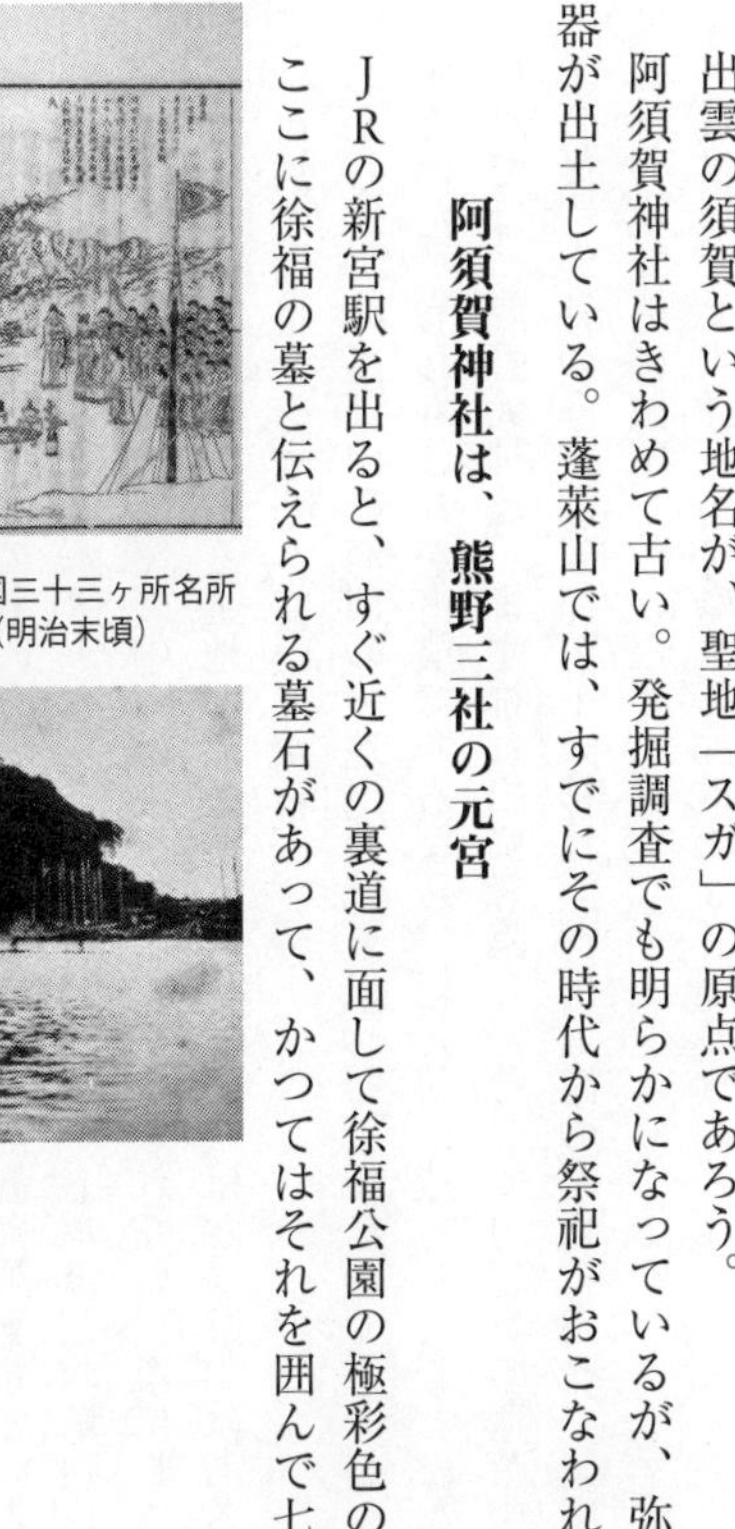

石が北斗七星の形に並んでいたという。

この楼門も、以前は二一三頁の写真のように「徐福廟」の扁額が掲げられていたが、戦後すぐの地震で倒壊して、近年改修整備されて徐福記念公園になった。財団法人新宮徐福協会が管理している。

そこから阿須賀神社までは十分もかからない。

熊野川の河口に突き出るように小山があって、それが蓬萊山である。阿須賀神社は蓬萊山そのものを御神体としてその南麓に鎮座している。

この蓬萊山は、標高四八メートル、直径一〇〇メートルほどの単独丘だ。全国に数ある〝蓬萊山〟の中では小さいほうかもしれない。なにしろ最大は富士山で、他にも徐福伝説のある土地には必ずと言ってよいほど蓬萊山はあるが、そのすべては自然の山岳をそう呼んでいるからだ。

しかし新宮の蓬萊山は河口の平地にお椀を伏せたような形で、きわめて人工的なたたずまいだ。もしもこれが古墳であるなら、紀元前に造られたことになる。

伝承では、熊野大神は、まず神倉山に降臨し、そして阿須賀の蓬萊山に遷った。

その後、大神のうちの家都御子大神（ケツミコオオカミ）は熊野川上流の本宮に遷って鎮座し、速玉大神は西側の現社地に鎮座したのだという。

阿須賀神社は熊野が発祥の地と言われる由縁である。

社伝によれば創建は紀元前四二三年となっているが、それが事実かどうかはともかくとしても、本宮大社および速玉大社より先に鎮座していたことは確かだろう。

熊野三社における祭神の配祀の位置や、各社の祭祀の方法・関係等によって元宮であると解釈できる。

また、長い歳月の中でこの伝承は保持されてきて、三社からとくに否定されることもなかったのは事実であることの証であろう。

蓬萊山は典型的な神奈備である。

しかも熊野川の河口にあって、川が氾濫しても、あるいは高潮や津波があっても蓬萊山のみは泰然としていたことだろう。

その姿に古代の人々は神の依り坐し（よりまし）を信じたに違いない。

この阿須賀の地に、徐福が上陸したとの伝説がある。

社殿は徐福の居住した場所に建てられたものと伝えられているが、ここを拠点に土着の人々に農耕や捕鯨、造船や製紙などの技術を伝えたのだという。

新宮市の徐福廟（現在は記念公園になっている）

熊野信仰の始まりが蓬莱山・阿須賀神社であることと、徐福伝説とは深い関係がありそうだ。

新宮には徐福の墓と伝えられる場所は他にあるが、むしろ蓬莱山が徐福の墳墓であっても不思議ではない。

徐福は「平原広沢の地」を得て、その王となったと『史記』にあるが、それはここ熊野川河口域であったという考えかたもできるだろう。

また、出雲から新宮へ遷ったか、あるいは徐福の子（イソタケル）が移住したというのも検討に値する。

ところで世に知られている、いわゆる「熊野縁起」は中世以降に成立したもので、仏教の視点から書かれている。

したがって、ホトケを「本地」として神に「垂迹」させるためには、阿須賀神社・蓬莱山から始まるという事実を消さなければならなかった。

なにしろ本地垂迹説というのは、たとえば熊野本宮大社の主祭神である家都美御子（ケツミミコ）大神（オオカミ）は本当は阿弥陀如来なのだが家都美御子大神という仮の姿となってこの国に現れたもの、とする思想である。なんというこじつけ！

この論法を発明し、この手の縁起物語を創作することによって、仏教は急速に拡大して行くことになる。

ちなみにこの思想によって「仮に現れた」という意味で「権現」と呼んだ。「権」というのは「臨時の」という意味だ。東照大権現とか根津権現などの呼び名でご存じのかたも多いと思う。

神社を権現と呼ぶと、その祭神の本体は仏菩薩ということになってしまう。それでも通称として今も各地で呼ばれている例は少なくない。

しかし実は、正式名称としては一切使われていないのだ。明治初頭に法令によって廃止され、戦後は神社本庁によって使用が禁止されている。なお「明神」という言葉は権現に対抗して生まれたものだ。仏の仮の姿で現れたのではなく、明らかに神として現れたものという意味だ。

熊野本宮の神・家都御子大神の謎

阿須賀神社の主祭神であり、熊野本宮大社の主祭神である家都御子大神（家都美御子大神）は、実は「記・紀」に登場しない謎の神である。

記紀神話の成立よりはるかに古くから祀られている神であるにもかかわらず、その名はどこにも見当たらない（なお、神名は他に別表記がなく「家都」がオリジナルであるため、あえてカタカナ表記にはせず、漢字表記とする。速玉、夫須美も同じ）。

熊野三社の主祭神は、本宮が家都御子神、新宮が速玉神、那智が夫須美神であるが、他の二神は『新抄格勅符抄』（八〇六年）に見える。七六六年に熊野速玉神と熊野牟須美神にそれぞれ四戸の封戸が与えられたと記録されている。これが熊野神が文献に登場する初見である。

家都御子大神（家都美御子大神）という名は後から付けられたもので、平安初期までは熊野坐神とのみ呼ばれていたようだ。

ようは「熊野においでになる神」という意味で、名は不明であった。

熊野三山でも最上位であり中心である本宮の神が、名前不詳であるというのは、きわめて重大なことだ。

▼熊野本宮大社〈通称〉本宮さん　和歌山県田辺市本宮町本宮（旧・紀伊国牟婁郡）

【主祭神】熊野牟須美大神　事解之男神　速玉之男神　家都美御子大神　天照大神

▼熊野速玉大社〈通称〉熊野権現　和歌山県新宮市新宮（旧・紀伊国牟婁郡）

【主祭神】熊野夫須美大神　熊野速玉大神　家津美御子大神　国常立尊　天照大神

（神倉宮）高倉下命

▼熊野那智大社〈通称〉那智山、熊野権現　和歌山県東牟婁郡那智勝浦町那智山

（旧・紀伊国牟婁郡）

【主祭神】大己貴命　家津御子大神　国常立尊　御子速玉大神　熊野夫須美大神

天照大神

熊野修験の経典の一つである『大峰縁起』には、家都美御子神はインドの国王である慈悲大顕王で、速玉神はその王子、夫須美神はその王女であるとされる。

また、『神道集』（一四世紀後半）に収録されている説教節には「熊野権現の事」として次のように語られている。

昔、インド・マカダ国の善財王は千人の后がいて、それぞれに都を構えさせていた。その中の一人に五衰殿という女御がいて、久しく王に忘れられていたのだが、観音信仰のおかげで再び王が通うようになる。そして、やがて懐妊する。

しかし他の九九九人の后たちの嫉妬はすさまじく、五衰殿を讒訴して鬼谷山において斬首させてしまう。

死の直前に生まれていた子供は十二頭の虎に育てられるが、天啓を受けた喜見上人によって助け出され、上人が養育する。

子供が七歳になった時に、上人は善財王のもとへ王子をともなって参上し、真相を伝えた。大王は王子の顔に顔を押し当てて号泣した。

「前から女の恐ろしさは承知していたものの、こうまで無情で乱暴な話があろうとは。こんな恐ろしい女たちの顔はもう二度と見たくない」

大王はこう言って、黄金造りの飛ぶ車に大王、王子、上人の三人で乗り、空を飛んで日本にやってきて、出雲や英彦山など各地を経てから最後に紀伊国牟婁郡に落ち着いた。

——もちろんこういった縁起物語は後世の創作であるが、なにやら「渡来神」の匂いを感じさせるのは仏法説話だからとばかりは言い切れまい。

貴種流離譚——高貴な血筋に生まれた者が流浪する話——は、神話の基軸としてつきものだが、その場合でもヒルコ神話のように「天の国」や「神の国」から離れるという物語になっているものだ。

あえて作為をおこなうのに、他国からの「渡来」を言う必要はないし、言ったから信徒が増えるというものではない。

それくらいであるならば、むしろ「天の国」や「神の国」の尊貴の血筋であるとしたほうが信心は得やすいだろう。

したがって、熊野縁起で「渡来」をうたっているのは、それにこそ強い意味が込められているとも解釈できる。

速玉神や夫須美神さえもがそこから生まれた根源の神、大本の神である熊野坐神。

その正体は渡来神であるがゆえに、本来の名は秘されたのではないか。

そして、後から付けた名「家都御子大神」には由来を込めた。

神名は漢字にこだわってはならない。漢字は借り物で、所詮は当て字だ。

ケツミコとは、御饌津神（みけつかみ）であろう。この名にそれより他の意味は考え難い。饌（け）の神——「つ」は「の」の意味だ。天つ神、国つ神と同じ用法である。すなわち食物の神、五穀の種子をもたらした神のことである。

それまでにない農産物の種子は、どこか別の土地からもたらされる以外に方法はない。

そもそも稲という農作物が異国からの渡来なのだ。おそらくは揚子江下流域から、種子と稲作技術と人とが渡来したことによって始まったものだろう。

ちなみに現在私たちの食卓に上っている農作物で日本列島の固有種・原産種はわずかな数にすぎない。

山葵（わさび）や独活（うど）、三つ葉、山椒などは日本原産だが、ジャガイモやトマトは南米、サツマイモは中米、キュウリやナスはインド、キャベツやカブは南欧、スイカやレンコンはアフリカといったように、多くは「渡来」なのだ。

とりわけ私たち日本人の〝主食〟である白米は、弥生人とともに海を越えて渡来したもので（紀元前五〜前四世紀）、縄文人の食卓には上っていない（縄文米は赤米）。すなわち食物の神が渡来であって、なんの不思議もないということになる。

死して神となる日本人

ところで私は、日本神話に登場する神々は基本的にすべて実在したと考えている。アマテラスもスサノヲも、そういう人物がかつて実在していて、亡くなると神になり、崇められるようになったと考えている。

私は神職（いわゆる神主）でもあるので、そういう立場の人間がこういう主張をおこなうのは不謹慎であるという人もいるだろう。しかしちょっと待ってもらいたい。

神道では、人は死ぬと神になるのだ。あなたも私も、死後は神として祀られる。死の瞬間まで用いていた名前の後に「命（みこと）」を付して、その時から神となる。以後は、永遠にその家系・子孫の守護神となる。

仏教で死ぬと「仏（ほとけ）」になるのと考え方としては同様だ。

ただし、その「神」や「仏」という概念が何を意味するかは人によって様々な見解があるだろう。

神道では、すべての人間が神からの命令、すなわち「みこと（御言）」を受けた者であり、それをおこなう者「みこともち」であるとする。

死して「命」の尊称が付されるのは、神上がりしたとの考えかたから来ているとされる。つまり、神になる、あるいは神に還るということである。

だから、東郷平八郎も乃木希典も死後は神として神社に祀られた。

▼東郷神社　東京都渋谷区神宮前
【祭神】東郷平八郎命
▼乃木神社　東京都港区赤坂
【祭神】乃木希典命　（配祀）乃木靜子命

東郷平八郎命も乃木希典命も、当たり前だが生前は人であった。そして彼らのような一部の偉人は、多くの崇敬者によって祀るための神社が建立されるが、それ以外の人々も各家々の祖霊舎などに合祀される。そして以後永遠に祖先神として子孫を守護する神となる。これが神道の考え方である。

「氏神」は、かつてそのようにして神となった氏族の祖先のことである。

繰り返すが、神道では人が死ぬと神になる。

すなわち、神は生前に人であったのだ。

この論理を、神によって区別する理由はない。

あるいは「天神（天つ神）は特別」という詭弁を弄してはならない。同じ神を「天」と「地」とに分けたのは、まさに特別感を意図的に醸成しようとしたものであるだろう。こういった神話の構造は、関係性や力学を物語るものではあっても、神々の本質ではない。

前提として、神は平等に神であろう。そして死した人が神として祀られたものであるだろう。だから、神話の神々はかつて実在した人であるとする。

これは、私が神道人であるからこそ言えることである。もし「神々は実在しなかった」と言う人がいるならば、その人こそはむしろ神道人ではないと言うべきだろう。日本民族は、仏教が渡来するはるか以前から祖先を神として祀り、その守護を祈る暮らしを続けているのだ。全国に遍在する無数の神社こそはその証しである。

なお、神道には「自然信仰」という側面があって、山や川、湖、樹木、岩などの自然物、あるいは光や風といった自然現象を神として信仰する。

しかしそれらの神も、元は人であって、その遺徳や霊威をそれぞれの自然現象と関連付けて一体化したものと私は考えている。しばしば言われるような「自然現象を擬人化した」ものではなく、人を自然現象に関連付けたものと考えている。菅原道真が雷神と一体化したのはその典型だ。

ただしこの考え方は、わが国の神話についてのみの感想である。他国の神話は、必ずしもそうではないだろう。最初から超越的存在すなわちgodとして創造された場合もあるだろうし、人類の想像力の産物として様々な潤色もおこなわれて来ただろう。日本でも、仏教が輸入されて、いわゆる神仏習合が始まってからは、本地垂迹説などにも見られるように、後付で「新しい神話」が様々に創造された。

神社の祭神についての縁起は、この際に膨らませたものが少なくない。そのため仏教色を取り除くと本来の神社伝承が見えてくるというケースもしばしば見受けられる。これもまた、神道や神社を誤解させる要因の一つとなっている。

スサノヲ・イソタケル父子は朝鮮渡来神ではない

すでに紹介したように、初めにスサノヲと、その子・イソタケルは、新羅の国・曾尸茂梨に降臨した。しかし「この国には居たくない」と言って、すぐに土で船を造って、東に船出して、出雲に渡っている。

この記述をもって、スサノヲおよびイソタケルを朝鮮渡来の神であるとする説があるが、繰り返すがそれは曲解というものだ。ここにはそのようには書かれていないのだから。

この記述は、「高天原から新羅に天降りしたが、新羅には居たくないということで、船で出雲に来た」ということだ。

つまり、スサノヲ、イソタケル父子は、「高天原からの渡来神」である。そして新羅・曾尸茂梨に一度は降り立ったが、「この国は吾居らまく欲せじ」とはっきり言っている。この言葉は、新羅が故国故地ではないことを明示している。むしろ、はっきりと「拒否」「否定」しているのだ。

これは、この後の「種蒔き」の記述とも相乗して、新羅・曾尸茂梨を婉曲に非難していると受け取れる。

一時的にせよ降臨して滞在した彼の地において、よほど忌避すべきことがあったのだろうと想像するに難くない。さもなければ、このような記述をする必要もなく、また敢えて去る必要もないはずである。

なお、右に「高天原からの渡来」と書いたのは、むろん不用意にそうしたわけではない。高天原を天国と思っている人はまさかいないと思うが、私はすべての神はかつて人として実在したと考えているので、その人が渡来の人であるならば、どこの地から渡り来たったのか当然知りたい。

文脈から考えて、この場合の高天原は海の向こうであって、新羅を経由するところに位置すると考えられる。すなわち、朝鮮半島の彼方にある大地のどこかということになるだろう。スサノヲ＝イソタケルは、そこからやってきたのだ。

船で流れ着く神の正体

ヒルコはどこから来て、どこへ行ったのかと本書の初めに提示した。

そして今、どうやら海の向こうからやってきたようだと結論するところまで来た。

さてそれでは、今度は行き先に目を向けてみよう。船に乗っていずこかへ向かったことは神話にある通りだが、行方不明のままである。他の神々はそれぞれに〝赴任地〟が与えられているのに、ヒルコのみは役割も定められないままに船出させられて、消息もない。

ところが日本神話には、ヒルコ神話のずっと後の段に、流されたヒルコが、あたかも流れ着いたかのような記述で突然出現する神がいる。

天磐船（あめのいわふね）で降臨するニギハヤヒだ。

この神もヒルコと同様、記・紀には記述がきわめて少ない。にもかかわらず、とんでもなく重要な位置にある。

ヒルコは生まれるとすぐに船に乗せて流されてそれだけだが、ニギハヤヒは船に乗って出現して、きわめて重要な役割を果たす。ジンムへの「国譲り」である。

ニギハヤヒは、天孫族の前の統治者であるが、同様の位置付けの出雲族とは決定的に異なる。そのキーワードは「天神」と「神器」である。

オオクニヌシを王とする出雲族は天神の系統ではないとすでに述べた。また、それゆえに〝政権交代〟の論理が成立すると指摘した。

しかしニギハヤヒは記・紀によって保証付きの天神である。しかもアマテラスから「神器」を託されて降臨しているのだ。

これではジンムへの政権交代＝国譲りの説明がつかない。

記・紀がその点について一切の説明をおこなっていないのは、それが不可能であるからで、もし多少強引にでも説明が可能ならば触れずにはおかないだろう。編纂者の藤原不比等には、あらゆる弁解や言い訳を総動員してでも主旨を正当化する必要があるのだから。

わが国の神々をひとくくりに呼ぶときに「天神地祇（てんじんちぎ）」という。これは「天神」と「地祇」であって、いわば「天の神」と「地の神」である。

ここからさらに踏み込んで、天神は高天原の出身、地祇はもともとこの地にいた土着の神、という意味で用いている。「天つ神」「国つ神」という言い方もする。

ちなみに国学者の本居宣長は「天に坐（まし）ます神、又天より降坐（くだりませ）る神」が天神であり、「此国に生坐る神」が地祇であるとした。

近年はこういった概念を象徴的に、あるいは比喩的に解釈して、天つ神は渡来の神、国つ神は土着の神とする解釈も広く一般におこなわれるようになっている。

天つ神は「天」から九州・高千穂に降臨したが、東へ攻めのぼり（東遷）、大和に君臨していた国つ神を打ち破って従えた。これ以後、国つ神は出雲へ封じられる。――この政治構造を説明するために作られた用語であると考えることもできるだろう。

ニギハヤヒとオオモノヌシとを同一神だとする説がある。これまでこの説が決定的な説得力を持たなかったのは、右の概念が大前提にあるからだ。

そもそもニギハヤヒは「天神＝天つ神」であって、オオモノヌシは「地祇＝国つ神」である。

日本神話において異名同神は少なくないが、その名によって天つ神であったり国つ神であったりするものは他にはない。この矛盾を解決できなければニギハヤヒとオオモノヌシ同一神説は成り立たない。

しかしここまで本書を読んで来られた読者にはもうすでにおわかりのことと思う。ニギハヤヒに象徴される神話体系は、天孫降臨に先んじた建国神話なのだ。

そして、ジンムから始まる新たな建国神話は、オオモノヌシに象徴させることで幕を閉じることができる。

オオモノヌシが大和の神であるにもかかわらず「国つ神」とされているのは、架空の存在だからである。

ジンムは、オオモノヌシの娘・ヒメタタライスズ姫と婚姻することで王権を引き継いだ。オオモノヌシはニギハヤヒの言い換えであるから、つまりジンムはニギハヤヒの娘と婚姻したということである。

記・紀のニギハヤヒは記述が少なすぎる。少ないことには少ないだけの理由がある。

しかし『先代旧事本紀』には多くの記述が見られる。

すなわち記・紀では少ない記述とした理由があり、『先代旧事本紀』ではニギハヤヒ神話を克明に記す必要があったのだ。

そして『天皇記』『国記』を焚書した中大兄皇子・中臣鎌足にとっては、ニギハヤヒの記録は極力減らす必要があったのだろう。

『先代旧事本紀』（旧事紀）の中核とは

『先代旧事本紀』（旧事紀）が偽書扱いされてきたのは、基本的には序文と本文内容との矛盾である。

簡単に言えば、序文において聖徳太子と蘇我馬子によって編纂されたと記しながら、本文には太子や馬子の死後の事象が記されている。

これをもって本居宣長以来この方、『先代旧事本紀』は偽書の汚名を被ることとなったのだ。

しかし近年その資料価値に再評価の機運があって、とくに『国造本紀』は代わるもののない独自の資料である。

にもかかわらず、満足な全訳さえいまだないのが現状だ。これはひとえに偽書扱いにかかるものである。

近年の再評価のポイントは、序文のみが後世の偽作であって、これを除外すれば、との観点である。

しかし、本当にそうなのだろうか。個々の字句にわたる詳細な検討は本書の役割ではないので省略するが、私たちが見ているのは後世の「写本」である。原典は存在しない。それは記・紀も同じ条件だ。

ただ、写本の成立年代が比較的新しいという弱点はある。写本は写本にすぎないという主張の仕方もあるのだが、やはり時代が下るほど写本の評価は下がることになる。その理由は、原典が失われる可能性が高く

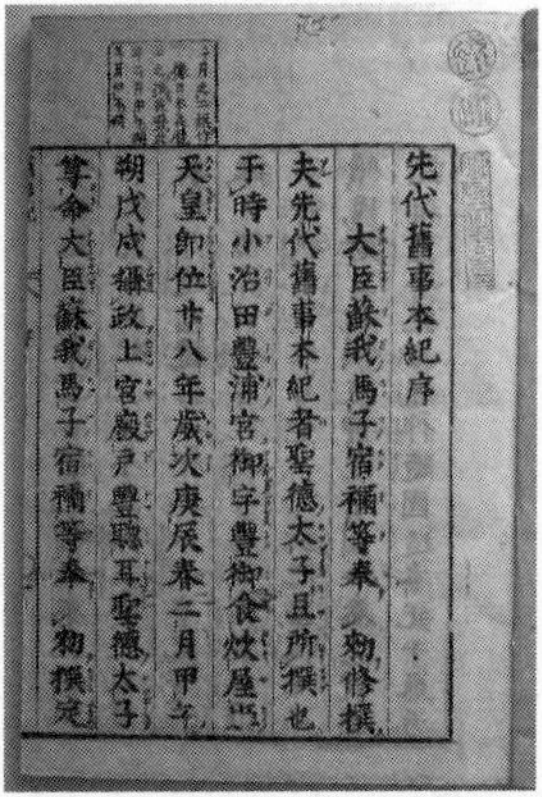
先代舊事本紀序
大臣蘇我馬子宿禰等奉　勅修撰
夫先代舊事本紀者聖徳太子且所撰也
于時小治田豊浦宮御宇豊御食炊屋姫
天皇即位廿八年歳次庚辰春二月甲午
朔戊戌攝政上宮廏戸豊聰耳聖徳太子
尊命大臣蘇我馬子宿禰等奉　勅撰定

『先代旧事本紀』より「序」（筆者蔵）

なるからであり、逆に遡れば写本自体の必要性は低くなるからである。

歴史的に貴重な資料が失われるのは、主に政治的混乱が起きた時である。とくに政権が交代する時に多くの貴重な資産が消滅した。神社や寺院は比較的その災厄から逃れることができているが、それでも戦火に巻き込まれた例は少なくない。正倉院が無傷で残ったのは奇跡とも言えることなのだ。

記録上、日本で最初の歴史書は「太子と馬子が編纂した」と『日本書紀』に記されている『天皇記』『国記』『臣連伴造国造百八十部并公民等本記（おみむらじとものみやつこくにのみやつこももあまりやそとものをあわせておおみたからどものほんき）』（以下『国造本記』と略す）である。

そしてこれらは、乙巳の変、いわゆる大化の改新で蘇我本宗家が焼き討ちされて焼亡した。

しかし私は、太子と馬子が編纂したと『日本書紀』に記されている『天皇記』『国記』『国造本記』とは本書『先代旧事本紀』のことに他ならないのではないかと考えている。

ただし、誤解のないように言っておくと、原典そのままではない。原典が含まれている、あるいは一部が原典からの写しである、ということであって、完全に同一ということではない。写本につきものの異同や誤記は当然であるが、それ以外に後世の加筆が混在しているために、著しく価値を下げてしまった。

しかし本文のかなりの部分は記・紀より以前の、我が国最古の文字記録なのではないか。『先代旧事本紀』の元になった資料、あるいは原典こそは、蘇我本宗家が滅亡した際に焼失したとされる『天皇記』『国記』『国造本記』であろうと考えると多くの謎が解けてくる。

隠された血脈

「ヒルコ→スサノヲ（イソタケル）→ニギハヤヒ」の系譜が、何者かによって消されたということを、ここまでに述べてきたが、それでは誰が、何のために消したのか。

前著『怨霊の古代史』において、スサノヲの系譜を消したのは藤原不比等であると私は指摘した。すなわち、本書で採り上げているヒルコの系譜やニギハヤヒの系譜を消したのも、やはり藤原不比等である。

ニギハヤヒは多くの従者を従えて、また多くの神宝を携えて降臨した。

これほどに賑々しく降臨したにもかかわらず、あっけなく死ぬ定めにあるのはどうしたことか。

記・紀の編纂者にとっては消える必要があったからであって、そして別の神への置き換えという操作がなされた。すなわちオオモノヌシへの置き換えである。

だからオオモノヌシは脈絡なく突然出現する。

三輪の主宰神であるにもかかわらず出雲系などという無理な設定も、ひとえに置き換えを隠蔽するための操作である。

物部は、ニギハヤヒが消えても痕跡を残すためにオオモノヌシという神名を創った。「大いなる物部の主」という訳である。

物部と、時の政権との力関係はオオモノヌシを誕生させるのが精一杯であったと考えれば、その位置付けが理解できる。オオモノヌシは特定の目的のためだけに創られた名である。だから経歴がない。

ジンムは、ニギハヤヒ（オオモノヌシ）の女婿となった。すなわち婿入りである。ニギハヤヒもジンムの人物を見込んで女婿として迎えたものだろう。その際、ナガスネヒコは邪魔な存在になったのかもしれない。

しかしジンムは、ニギハヤヒの王権を引き継いでからは、天神族＝スサノヲ族ではなく自身の血統である天孫族＝アマテラス族を前面に押し出し、結果的に乗っ取る格好になった。神話においてニギハヤヒがジンムに降ったかのように描かれているのは、置き換えの操作によるものだ。

ヒルコとは「日子」であるとすでに述べたが、ヒルメすなわち「日女（姫）」の血脈を正統なる本流として確立するためには、男系の日子を隠し、女系の日女を祖神と

日本の起源系譜

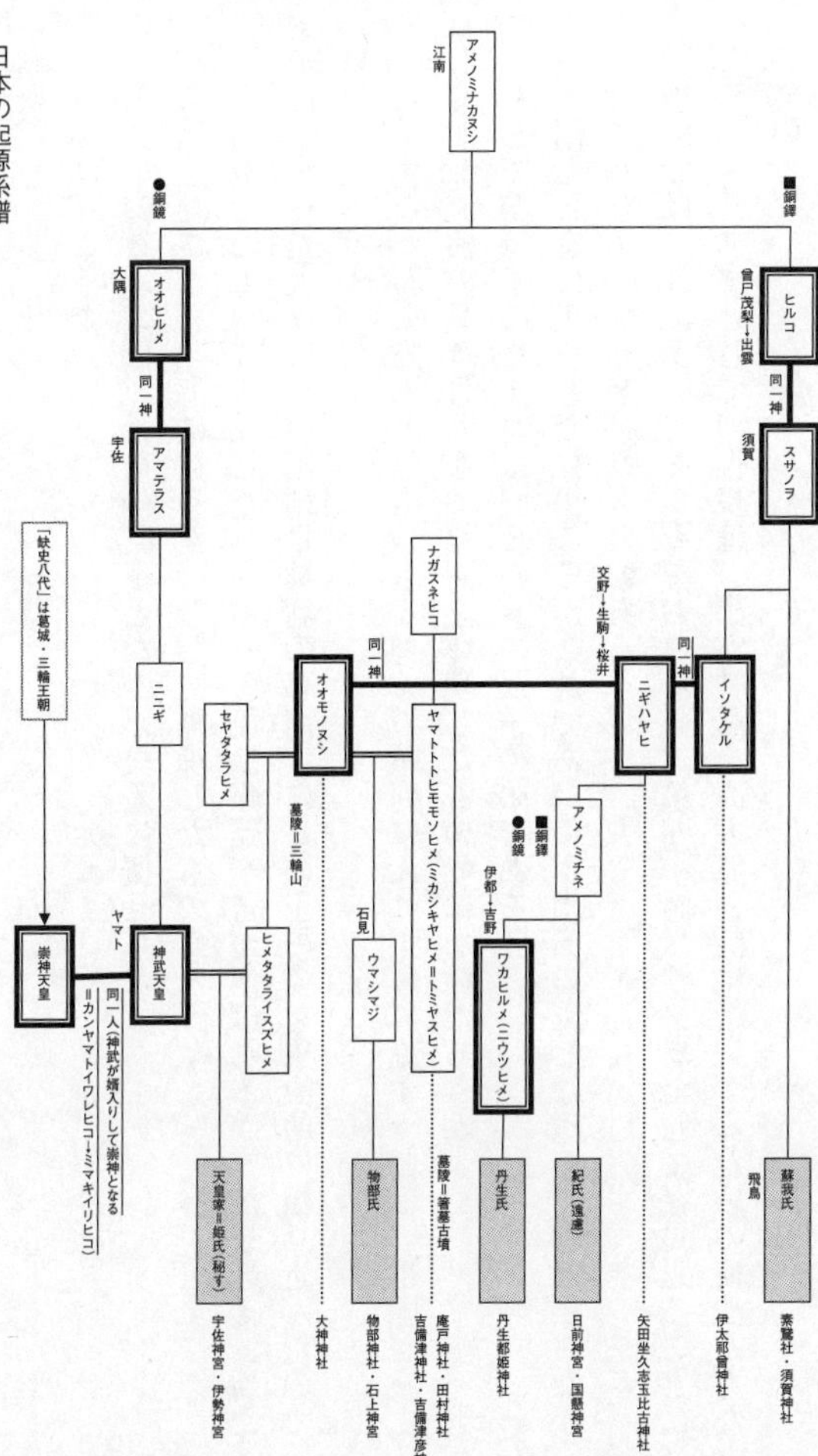
アメノミナカヌシ
江南
●銅鏡
■銅鐸
オオヒルメ
大隅
同一神
アマテラス
宇佐
ヒルコ
曾尸茂梨→出雲
同一神
スサノヲ
須賀
「缺史八代」は葛城・三輪王朝
ニニギ
ナガスネヒコ
同一神
オオモノヌシ
交野→生駒→桜井
同一神
ニギハヤヒ
イソタケル
セヤタタラヒメ
ヤマトトトヒモモソヒメ(ミカシキヤヒメ＝トミヤスヒメ)
墓陵＝三輪山
アメノミチネ
●銅鏡
■銅鐸
伊都→吉野
崇神天皇
ヤマト
神武天皇
ヒメタタライスズヒメ
石見
ウマシマジ
ワカヒルメ(ニウツヒメ)
同一人(神武が婿入りして崇神となる
＝カンヤマトイワレヒコ→ミマキイリヒコ)
墓陵＝箸墓古墳
飛鳥
天皇家＝姫氏(秘す)
物部氏
丹生氏
紀氏(遠祖)
蘇我氏
宇佐神宮・伊勢神宮
大神神社
物部神社・石上神宮
庵戸神社・田村神社
吉備津神社・吉備津彦神社
丹生都姫神社
日前神宮・国懸神宮
矢田坐久志玉比古神社
伊太祁曾神社
素鵞社・須賀神社

して体系を組み立てる必要があったのだ。だから、ヒルコ＝ニギハヤヒの血脈は隠された。

真相は、こうだ。

第一子のヒルコは、最後の呉王となった夫差に擬せられる。

自決したことを「海に還った」として鎮魂したものだろう。

呉国滅亡によって四散した呉人のその後は艱難辛苦が偲ばれるが、海を越えて新たな国土を得た人々は、建国創世神話の幕開けにこの王の姿を象徴的に織り込んだのではないだろうか。

日子すなわち太陽王としつつも、神々の系列に入れずに「流す」とは、祖国が滅亡して四散流浪の憂き目となった謂を体現したものではないだろうか。

そして第三子のヒルコは、ヒルメの双子の弟であろう。

一団とともに出帆した徐福こそがこれであって、出雲の王となって二度と戻らなかったことを「遺棄」としたものであろう。

神話ではこれによってミソギをおこない、第四子・スサノヲとして夜見返ることになる。スサノヲとしての復現は、出雲神話を高天原神話に接続するための便法ともなっている。

だから『史記』に徐福が得たと記される「平原と広沢」とは、まさにスサノヲが得た出雲平野と宍道湖のことだろう。

とすれば熊野へは、子のイソタケルが向かったと考えるのが妥当かもしれない。とくに「五穀の種子」を持って紀伊を「木の国」と成したのはイソタケルの手柄であろう。紀伊にイソタケル伝承が多く残り、また古くから祀られているのもそのゆえであるだろう。

ニギハヤヒとオオモノヌシが同体であるならば、遠く古代においてヒルコとヒルメの二つの系譜に分かれた血統系譜が、初代天皇の誕生において再び一つになったということになる。

そして、ここからあらためて私たちの国の歴史は書き起こされることになる。それ以前をすべて「神話」の奥深くに封じ込めて——。

増補最終章　その後のヒルコ「蓬萊山」をめざして

「平原広沢」を得て、王となった？

前章では、「ヒルコの正体」に迫った。旧版は、ここで完結した。もともとの目的が正体を解き明かすことであったのだから、これはこれで完遂である。

多くの読者からも手応えある反響をいただいた。それらの反響の中に「ある課題」の提示があって、それは次の方向を指し示すものであった。私も、これで終わりなのではなく、むしろ新たな始まりであるということはわかっていた。

すなわち「その後のヒルコ」である。

ヒルコは、はるばるこの地へやってきて、どうやら最終的に「国譲り」をすることになる。新規の地を開拓し、建国し、統治して、――しかしその「国」は最終的には譲り渡さなければならなかった。

旧版（前章）では、その「国」をさしたる検証もしないままに「現・出雲」に比定した。『史記』に徐福が得たと記される「平原と広沢」とは、スサノヲが得た「出雲平野と宍道湖」のことだろうと推定した。

しかしその後、私は新たな視点から検証の手掛かりを見出した。

まず第一に、「現・出雲」は「平原」というには狭隘ではないのかということ。「平原」は私たちの慣用の「平野」に相当する呼び名と考えられるが、現・出雲地方や松江地方ははたしてそれに値するのだろうか？　大陸から船団を率いてやってきた人々は、「水稲耕作」という文化とともに渡来したはずだが、出雲や松江はそれに相応しいか？

あれから二千年余が経過しているにもかかわらず、現在の出雲地方はけっして開けた都市ではない。全国的に見ても人口の少ないエリアであり、都市化が進んでいないばかりか、農村としても小規模である。この事実は、出雲・松江地方が社会的・経済的に〝繁栄〟する条件を有していないことを示唆するものだ。

古来、三輪や宇佐、熊野、伊勢など、信仰の拠点となる霊地は、社会的・経済的にはけっして繁栄しないものである。これは、「聖」と「俗」の相反性でもある。

出雲という地も、信仰の霊地であって、二千年余に亘って静かに推移してきたのはむしろ特別な聖性の証しであろう。ここは霊地・聖地であって、俗地ではない。つまり、「国譲り」された俗地はここではないのだ。

とすれば同時に、「広沢」の意味も突き詰めなければならないだろう。「広沢」はこれまで「湖」と現代語訳するのが定説となっていたが、「広い沢」を「湖」とするのはいささか無理があるのではないか？

そこで私は「広沢」を、文字通り「広い沢」と解釈した。ただ、それが単なる「広い河川」ではなく、「平原」とのコンビネーションにおいて有益な広い河川である。広大な原野に大きな河川が流れれば、氾濫と蛇行によって肥沃な土地が育まれる。狩猟と漁撈の縄文人には無用の荒れ地に過ぎないが、水稲耕作を基盤とする弥生人にはこの上ない豊かな土地である。

放置された肥沃の大地。それこそが「平原広沢」のはずである。大八洲（日本列島）において、それは何処か？

出雲地方を「平原広沢」であったとすると、「蓬萊山」を見出さぬままに、「王」となったことになるが、それでは『史記』の証言を実証したことにはならないだろう。

彼が目指して来たのは「蓬莱山」なのである。

「平原広沢」の地は、結果的に得たものではあっても、究極の目的ではない。同行した者すべて――童男童女三千人、土木・工芸など各種の専門技術者、航海技術者（軍人兼務）――は、彼が蓬莱山を目指す者であるという大義名分があったればこそ、彼に従う者たちである。蓬莱山は、この旅の絶対必要条件なのだ。

前章で推測したように、スサノヲの子である五十猛（イタケル、イソタケル）は五穀の種子をもって紀伊国に留まり、後に家都御子大神として崇敬されたのかもしれない。

しかしリーダーのスサノヲは、当地でも情報収集し、さらなる〝聖地〟、最終の地を求めてさらに東へ向かったのではないか。目的はもちろん「蓬莱山」である。紀伊半島を海岸沿いに東へ移動するとすぐに二見浦へ出る。そこからは〝ダイヤモンド富士〟が見える。――その程度の情報は当然早くに手に入れていたことだろう。そして、その輝ける霊山こそが「蓬莱山」だと確信したのではないか。

蓬莱山すなわち富士山を望む地に、スサノヲを祀った古社があるなら、それこそは一行が最終的に到達した「平原広沢」の地であろうと思われる。そして『史記』の記録にある通り、その地を得て「王」となったという伝承に符合することになるだろう。

消された「富士山」

ところで富士山は、実は『古事記』にも『日本書紀』にも、まったく出てこない。不二山、不死山、不尽山、福慈山など別名も含めて皆無である。存在したという気配さえもない。

日本人なら、この「事実」に驚かない人はいないだろう。日本および日本人の歴史・文化は「富士山と共にある」と思っているからであって、しかも、それはまぎれもない「事実」である。富士山と共に歩んできた日本・日本人という事実と、記・紀に登場しないという事実――この矛盾は、一体全体どうしたことか？　何が起きたというのだろう？

富士山が現在のような美しい山容（姿形）となったのは、おおよそ一万年前とされているので、記・紀が成立した当時――八世紀には、日本国内ではあまねく知られていたことは間違いない。しかしなぜか、わが国の最古の史書である記・紀は完全に無視している。記・紀が編纂された時代は八世紀だから、「知らなかった」などとは到底考えられない。

ということは、「知っていたのに記載しなかった」のだ。現に、同時代の歌を集めた『万葉集』には富士山が数多く歌われている。

田子の浦ゆうち出でてみれば真白にそ富士の高嶺に雪は降りける

ほぼすべての学校教科書に掲載されている山部赤人の歌である。部分編集したものが『百人一首』にも入っているので、日本人にはお馴染みだ。赤人は天平八（七三六）年頃に没したとされるので、それ以前の歌ということになる。『万葉集』では、他にも数多くの歌に富士山は詠まれている。

また、ほぼ同時代の養老年間（七一七〜七二四）に成立した『常陸国風土記』には「福慈岳」と記載されていて、富士山にまつわる神話が紹介されている。いずれも、当時の日本人が富士山の存在をよく知っていたという証しである。

それなのに記・紀は一切触れていない！　『古事記』は七一二年、『日本書紀』は七二〇年の成立だから、万葉や風土記と同時代なのに、だ。これはいったいどうしたことなのか。

ヤマトタケルは、『古事記』は相模で、『日本書紀』は駿河で火攻めに遭遇して草薙剣で薙ぎ払って窮地を脱するという有名なエピソードが記・紀にそれぞれ語られている。しかし、どちらも富士山は出てこない。ヤマトタケルの視界にイヤでも入っていたはずなのに。

富士山本宮浅間神社の祭神であるコノハナサクヤヒメは、オオヤマツミの娘として、またニニギの妻として記・紀ともに登場するが、富士山との関わりは一切出てこない。いずれも、なんとも〝不自然〟で、〝意図的に〟避けているとしか思えない。

富士山の存在を認めさせる神社も各地にあって、しかもそれらは記・紀の編纂よりはるかに古くから鎮座している。伊勢の内宮はその代表である。内宮は富士山を前提に設計されている。

内宮は、その東側に朝熊山が連なっていて、そのため富士山が見えないようになっている。これは、意図的設計である。二見浦は絶好の富士山ビュー・ポイントであるにもかかわらず、内宮はわざわざ見えない位置に建設された。その意図の解析はここではおこなわないが、逆説的に富士山の存在を証明しているのが内宮なのである。

この謎に対する解答は一つしかないだろう。すなわち、富士山は「禁忌」であったのだ。歌には詠まれても、また地方の記録には登場しても、「朝廷の史書」では触れることさえできない禁忌であったのだろう。つまり「政治的禁忌」あるいは「宗教的禁忌」である（古代ではこの二つは一体で、「まつりごと」と総称する）。ヤマト朝廷には、富士山に触れてはならない重大な理由があった！——それが私の到達した解答である。

公式の史書に初めて「富士山」が登場するのは『続日本紀』（七九七年成立）の天応元年（七八一）の条。『日本書紀』成立（七二〇年）から七十七年経っている。それまでは「富士山」は禁忌（タブー）であったのだ。

ここであらためて指摘しておくが、「フジ・サン」はヤマト言葉ではない。漢語であり漢音だ。もし富士山をヤマト訓みするのであれば「富める士（もののふ）の山（やま）」ということになるだろうか。

しかし「富士」は好字令（七一三年）によって選ばれた吉字であるから、「フジ」あるいは「フヂ」という発音がすでにあったということになる。ただ、それがたとえ不二、不死、不尽、不知などの表記であろうとも、いずれも漢語であって、「fu-ji」という発音を基盤にした後世の当て字ということになる。

そもそも「フジ」という呼び名自体が漢語音であるとするならば、呼び名自体も新たに付けられたものであって、それ以前に土着の呼び名があったはずである。これだけの突出した山岳が聳えていて、呼び名の存在しないはずがないのだから。

とすれば、古くは別の呼び名があって、ある時期に何者かによって「フジ」という呼び名が与えられたことになる。

「フジ」山が禁忌とされた理由も、この辺りの事情に由来するのかもしれない。

「富士王国」は何処に

富士山は日本一の神奈備（信仰の山）である。その信仰拠点は他の神奈備と同様に山麓に発現する。現在、浅間神社が鎮座している場所がそれに当たる。

といっても、北側南側など浅間神社はいくつもある。それらの中でも第一は富士宮市の富士山本宮浅間神社と、その元宮である山宮である。富士山山頂には本宮の奥宮があり、富士山の八合目より上は本宮の境内地となっている。

この富士宮市には、現代においてもなお多くの宗教団体が本部を置いていることはよく知られている。

しかし、富士宮市を一度でも訪れてみれば即座にわかることだが、そこは決して大きな都市ではない。古来、多くの人がこの地を経由して富士山登拝をおこなってきたにもかかわらず、社会的にも経済的にも特別発展することはなく、どこまでも〝信仰の町〟であった。信仰の拠点、神奈備の街、門前町とはそういうものだ。

つまり、ここも出雲と同じように聖地であるが俗地ではないのだ。

出雲には「国譲り神話」がともなうが、譲られた国は出雲ではない。こことは別に栄える〝国〟があったのだ。

国譲りで「譲った国」、とはそこのことだ。現在私たちが認識している出雲という地域がヤマト朝廷に譲られた国のことだと大方の人は思い込んでいると思うが、それは違うのだ。

ようやく到達した〝蓬萊山〟山麓の富士宮も同様に、ここには「繁栄した国家」の痕跡はなく、かつても今後もそういう場所になるような土地ではない。富士宮で祭祀をおこなっていた〝国〟は、別の場所にあったはずだ。

さて、それではその〝国〟はどこなのか？　富士山を信仰の中核とする〝国〟は。日本一の神奈備なのだから、それにふさわしい大国でなければならないだろう。当然ながら経済的にも繁栄していたに違いない。――そして、そこには君臨する〝王〟がいたはずだ。

古代の王、とくに建国の王は、宗教と軍事と経済のすべてを総合的に統括する能力が抜きん出ていなければ務まらない。秦の始皇帝がそうであったように、一代の英雄と呼ぶにふさわしい能力を備えているものだ。

日本の古代――就中（なかんずく）、関東の古代に、そのような人物がいたのだろうか？

少なくとも〝公式記録〟は見当たらない。なにしろその時代の関東は（それ以前も）、記録そのものがない〝空白の時代〟なのだから。

しかし、ここに多くの人が暮らし、なんらかの経済活動がおこなわれていた「大きな国」が存在繁栄していたことは確かだろう。

もともと関東地方には縄文時代の早い時期から多くの人々が暮らしていたことは、関東各地に無数に残る「貝塚」によって明らかである。

縄文時代の貝塚は、日本列島全体で約二五〇〇ヶ所発見されているが、その四分の一は東京湾岸一帯に集中している。そして彼らの子孫も代々この地に暮らしていたであろうことは間違いないだろう。

弥生時代に入ると、突然のように巨大古墳が関東各地に築造されるようになり、日本屈指の規模であるさきたま古墳群は特に有名である。

その中の一つである稲荷山古墳から出土した「鉄剣」は、一一五文字に及ぶ金象嵌の銘文が発見されたことで歴史的大ニュースになった。

これだけの遺跡が集中しているのだから、ここに〝大きな国〟があったことは明らかだ。

ところが、どんな国があったのか、誰が王だったのか、実はまったくわからないのだ。

そこで私は、その手掛かりを地理風水に求めようと思う。

どんな国があったか、誰が王だったかがわからないのであれば、そこになぜ〝大きな国〟が建国されたのか、また維持され、かつ繁栄したのか、その理由がわかれば少なくとも国家と王の存在の〝逆証明〟になるだろう。

方士が能くした方術（風水術の原型・天文地理）とは、本来「都」を定める技術である。都にふさわしい土地を探し出し、長く栄える都を設計・建設する技術である。すなわち、富士山を蓬萊山とするならば、地理風水によって都の位置は自動的に定まることになるのだ。

蓬萊山を目指してここに到達した人物は、当然ながら富士山の旺気に守られる龍穴の地に国の中心を据えるはずである。そしてその地こそは『史記』に記録されている通りの、「平原広沢の地」――つまり、平野と湿地であるはずだ。

また、そこにかつて〝王宮〟が置かれ、後には初代の〝王〟であった者が子々孫々の守護神として祀られているはずなのだ。

関東古代都市の遺跡は、関東ローム層の下に眠っているのだろうか、かの「ポンペイの遺跡」のように。しかしこればかりは発掘しない限り、まったくわからない。

ちなみに、関東ローム層とは、関東平野に積もっている火山灰の総称である。関東地方の西南縁には富士山・箱根山・愛鷹山などの火山があり、また西北縁には浅間山・榛名山・赤城山・男体山などの火山がある。これらの火山はたびたび噴火を繰り返しているが、その特に大規模な噴火では大量の火山灰が関東平野に降りそそぎ堆積してきている。関東平野はそれらの火山灰でできているとさえ言えるほどだ。そして古来、多くの生活遺跡がその下に埋もれている。

なお、関東ローム層という呼称は、一八八一年にダーフィト・ブラウンスが〝成因不明〟のままに命名したものである。その後、少なからぬ人たちによって研究されているが、成り立ちは複雑で、また広範囲であり、すでにその上に街が形成されているため、実態の解明にはほど遠い状況である。

しかしこの関東ローム層の下のどこかに、古代都市が埋もれている可能性はきわめて高い。真相の発見には、大規模な再開発がおこなわれて、都市遺跡が偶然発見されるまで待たなければならないかもしれないが——。

〝王〟の祭祀

発掘調査が当面困難であるならば、他の方法でアプローチするしかないが、その一つとして「王の祭祀」はきわめて重要な視点である。

ちまたに数多(あまた)流布している古代史研究の大半は、実は「祭祀」についての知識見識がほとんどないままにおこなわれている。片手落ちどころか、最も肝心な部分がすっぽり抜け落ちているということで、これでは研究にも論考にもならないだろう。

中世や近世であってさえ「祭祀」は政治と密接であって、これを除外して語るわけには行かないが、とりわけ古代においては祭祀と政治は一体のものだ。それは支那(china注)も日本も同様である。

(＊注——右文中「支那(china)」と表記しているのは、一般に「中国」と呼ばれている地域の通史用語として用いているものである。「中国」という表記は近代になって用いられるようになったもので、古代を含む歴史を語るには不適当なため。「支那」は日本ではすでに平安時代から用いられているが、国際的にも紀元前後から近似発音として用いられており、英語のchinaの語源ともなったことから現在では国際的な共通語である。一部の人が「支那」を差別用語としているが、そのような意味合いはまったくない。参考までに各国語を挙げておく。——China(シナ)＝オランダ語／China(シナ)＝ポルトガル語／China(チナ)＝スペイン語／China(ヒナ)＝ドイツ語／Chine(シーヌ)＝フランス語／Cina(チナ)＝イタリア語)

「祭祀」を除外して古代史を論じることは、まったく無意味である。とりわけ「王位

（皇位）」の立位や継承においては不可欠であろう。

天皇に即位するには「大嘗祭（だいじょうさい）」という一世一度の祭祀がおこなわれる。同様に、支那（china）では皇帝に即位するには「封禅（ほうぜん）」という一世一度の祭祀がおこなわれた。

また、天皇に即位してよりは、毎年「新嘗祭（にいなめさい）」がおこなわれる。同様に、支那（china）では皇帝に即位してよりは毎年「郊祠（こうし）」がおこなわれた。

そしてこれらの最重要祭祀は、一定の法則に基づいて決められた場所でおこなわれている。したがって〝祭祀遺跡〟を探索することで、政体そのものにアプローチすることも可能となるはずである。

もし徐福が関東のどこかに土宮を構えていたとすれば、支那（china）流の即位祭祀である封禅と郊祠をおこなっていたと考えられる。そして、それをおこなうには定められた法則があるため、手掛かりが見出せるかもしれない。――秦始皇帝や天皇の事例を見てみよう。

天皇即位にあたって、必要な手続きは第四十代・天武天皇によって定められたものだ。

すなわち践祚大嘗祭をおこない、三種の神器を継承することで正しく天皇となる。

これは現在まで継承されている最重要の宮中祭儀である。

ところが第五十代・桓武天皇は、これをそのままおこなうだけではなく、わが国ではきわめて稀なある特別な祭祀をもおこなった。それが「郊祀」である。

郊祀とは、秦始皇帝に始まる最上位の皇帝祭祀で、文字通り都の郊外でおこなうもので、いわば封禅の例祭版である。

封禅は皇帝（始皇帝が「天子」に代わる尊号として創始）となるための一世一度の祭祀であるが、これは道教の神山（祖山）である泰山まではるばる出向き、山頂及び山麓において皇帝一人でおこなうものをいう。

「封」は、泰山山頂に壇を造り天を祀り、「禅」は泰山の麓で地を祀るもので、合わせて「封禅」と称する。これによって「天命」を受けて「天子」となるものである。

郊祀はこれを受け継ぎ、都の南の郊外に天を祀り（天壇）、北の郊外に地を祀り（社稷）、宗廟に祖先を祀る（宗廟）こととしたものである。

天壇は冬至の日に祀り、地壇は夏至の日に祀った。

詳細を記した記録がないためそれぞれの次第は不明だが、とくに南郊祭祀が尊ばれ、後にはこれを指して郊祀というようになったとされる。

あるいは、北郊は臣下を代理に立ておこない、南郊のみを皇帝自ら親祀したともされる。

北京に残る天壇は明・清時代に実際に使われたもので、郊祀を公開の場でおこない、天子として君臨する根拠を広く示すことを一つの目的ともしていた。

わが国では、天壇に天神を祀り、地壇に地祇を祀り、宗廟に皇祖・祖神を祀った。ちなみに郊祀は、桓武天皇が二度おこない、文徳天皇が一度おこなっている。他に公式の記録はない。おそらく、大嘗祭・新嘗祭に収斂されて行ったものと思われる。

なお、桓武天皇が郊祀をおこなった場所には注目しておく必要があるだろう。北河内の交野（かたの）である（現在の大阪府交野市）。平安京の南南西の方角にあたる。桓武天皇は「郊祀」のために二回行幸している。延暦四年十一月、延暦六年十一月、ともに「冬至の日」である。

さてそれでは、徐福は封禅と郊祠をどこでおこなったのだろうか？

地理風水では関東の祖山は富士山である。したがって、封禅をおこなうなら富士山を措いて他にない。その山頂で天を祀り（封）、麓で地を祀った（禅）と考えられる。

それが奥宮と山宮の発祥であろう。

そして郊祠は、関東平野を見下ろす場所でおこなわれたと考えられる。そこは冬至の日の出を正面に望む場所でなければならない。それが現在のどこに当たるのか、今後の探索課題である。かつてはここに天壇が設けられていたのだと私は考えている。

富士山で封禅をおこなったことで、徐福は自信を持ったのではないだろうか。秦始皇帝が封禅をおこなったのは泰山であるが、霊山として富士山のほうが格上であるとの判断があったかもしれない。——「始皇帝は泰山でおこなったが、私は蓬萊山でおこなった」と。

初版あとがき

上野の東京国立博物館にはずいぶんお世話になっている。

といっても特別な縁故があるわけではなく、一人の参観者としてしばしば訪れているという意味である。わが家から散歩がてら出かけるには程良い距離ということもあって、根津方面から芸大の真ん中の道を通って訪ねることが少なくない。東京の中でも有数の緑豊かなエリアなので、四季折々の変化も同時に楽しめるのがありがたい。

とくに私が足を向けるのは、平成館に設けられている考古展示室で、ここには展示替えのたびに出かけているが、その都度様々な発想をもたらしてくれる。ここは貴重な考古遺物が日本で最も集中している場所である。本書の中核（コア）となる発想もここで巨大な銅鐸を眺めていて生まれたものだ。

本文中でも少々触れたが、この謎の祭器は日本独特のものだ。前方後円墳と同様に、他国にはほとんど事例は見られない。元は鐘・鈴の一種（ハンド・ベル）であったというのが定説になっているが、大型化・装飾化する頃には鳴らすための中舌は失われている。

つまり銅鐸は、道具であった時代を終えて、祭器（ヨリシロ）になってから大型化・装飾化している。「鳴らす」という機能が失われてから私たちの耳目を集めることになったのは皮肉なことだ。しかし即物的な音響よりもはるかに大きな響きを私たちに伝えているとも言えるだろう。

その銅鐸は、紀元前後の四百年間ほど熱心に造られてから、突然ぱったりと消え失せる。これだけのものが突然途絶えるには、それだけの理由がなければならない。しかし記・紀にも「風土記」にも何の記述もなく、その理由はこれまでまったく解き明かされていないのだ。

解き明かせない原因を、私は歴史の前提に求めた。私たちがこれまでに把握している当時の歴史は、事実から大きく外れているのではないか。すなわち建国神話は、もう一つあるのではないか。そうでなければこれほどの歴史的遺物＝銅鐸が正体不明であることの説明がつかない。

本書ではそれを軸に、前後に散らばる多くの謎が、そのタイミングに収斂されるととらえることで、まったく次元の異なるものを探り出そうと試みている。

しかし比較する資料や対立する資料が皆無に近いため、取り上げかたによっては客観性を欠くことにもなりかねない。だから常に自己検証の姿勢を保持することに意を注いだつもりである。

ヒルコは、資料が少ないのは本書でも述べた通りだ。ただ、ヒルコの系譜を見出すことによって、ヒルコの素性・正体を明らかにしようという試みは、ある意味成功したのではないかと思う。

素性とか正体という言葉は、なにやら好ましくない真相をあばいたかのようなニュアンスがありそうだが、そんなことはまったくない。現代の言葉遣いがおかしいだけで、文字そのままに真っ直ぐ読めば「素の性」「正しい体」である。素性とは血筋のことであり、正体とは本当の姿のことである。すなわち本書は、ヒルコ、ニギハヤヒの血筋を求めて本当の姿を解明しようとした。その結果、まったく新たな地平を開いた。

ヒルコを主役とした「もう一つの建国神話」は、ニギハヤヒが国譲りしたことで完結する。しかしニギハヤヒには、単なる幕引き役として片付けることのできない多くの問題が伏在している。なにしろ彼の従者たちが、その後の日本の主立った氏族の祖先とされているからだ。

天皇家と、いくつかの有力氏族は、ジンムの系譜から生まれる。

しかしそれよりはるかに多くの有力氏族は、ニギハヤヒとその従者の系譜から生まれるのだ。

だから、本書の最終章でニギハヤヒについてふれたのは、ほんの入口にすぎない。すでにニギハヤヒを主役とした続編を準備しているので、さらなる謎の解明をいずれ問いたいと思う。

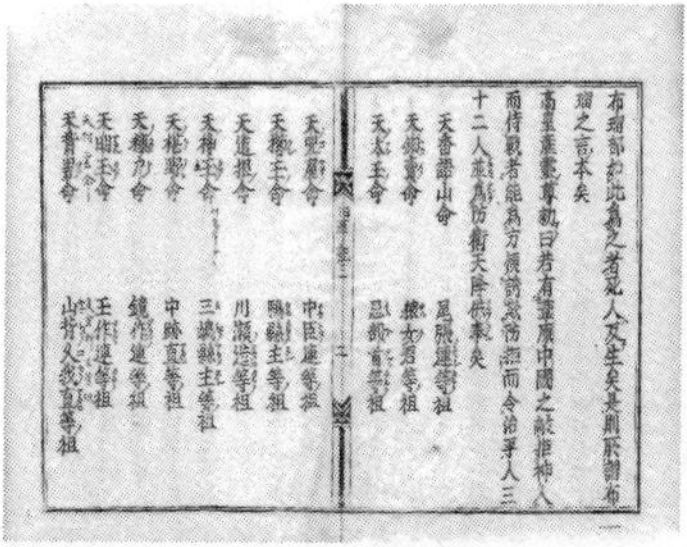
布瑠部如此為之者死人反生矣是則所謂布瑠之言本矣
高皇産霊尊勅曰若有葦原中國之敵拒神人而待戦者能為方便誘欺防拒而令治平人三十二人並為防衛天降供奉矣
天香語山命　尾張連等祖
天鈿売命　猨女君等祖
天太玉命　忌部首等祖
天児屋命　中臣連等祖
天櫛玉命　鴨県主等祖
天道根命　川瀬造等祖
天神玉命　三島県主等祖
天椹野命　中跡直等祖
天糠戸命　鏡作連等祖
天明玉命　玉作連等祖
天背男命　山背久我直等祖

『先代旧事本紀』巻三「天神本紀」。有力氏族の先祖である三十二将軍が従者として名を挙げられている。（筆者蔵）

なお参考資料の多くは原文が漢文であるのだが、前著で原文を掲載したところ「難しい」「読みづらい」「現代語訳を」という意見や要望を少なからず受けた。そこで今回は原文にこだわらず、読者本位を心掛けた。本書を手に取られたみなさんのさらなるご意見を期待したい。

本書執筆にあたっては恩師である三橋健先生に資料探査についての貴重なご教示をいただいた。

また末尾になったが、いつもながら河出書房新社編集部の西口徹氏にはたいへんお世話になった。

そのほか様々にお世話になった方々とともに、ここに謹んで謝意を表する。

平成二十二年水無月

戸矢 学

【増補新版付記】

新たに書き加えた増補最終章で見出した「富士山からの展望」は、刊行準備中の『富士山の秘密』（仮題）に、装いを変えて収録される予定です（その後、かざひの文庫より『富士山、２２００年の秘密』として、河出書房新社より『古事記はなぜ富士を記述しなかったのか』と改題して刊行）。関心のある方はそちらもぜひご期待ください。（平成二十六年弥生）

徐福と出会う旅　『決定版 ヒルコ』のあとがきに代えて

『ツクヨミ』でスタートを切った「謎の神・三部作」も、『ヒルコ』『ニギハヤヒ』を上梓して、さらにそれぞれ増補版をも重ねて、なお好評をいただいているのは感謝するばかりである。

いずれ、「三部作」として揃って定本とするつもりであるが、まず最初に本書『決定版 ヒルコ』を定本として刊行することとした。平成が終わり、新たに改元される時に論考が定まるのはまことに光栄というものだろう。

新装版時の増補原稿「その後のヒルコ」において、封禅となる王の祭祀を結論した。むろんそれは私の推測ならぬ空想であるが。

ちなみにその王に擬えた徐福（徐市）については、日本の各地に渡来伝説がある。

青森県中泊町、秋田県男鹿市、東京都八丈町、山梨県富士吉田市、愛知県一宮市、愛知県豊川市、長野県佐久市、京都府伊根町、三重県熊野市、和歌山県新宮市、広島

県廿日市市、佐賀県佐賀市、宮崎県延岡市、鹿児島県出水市、鹿児島県いちき串木野市、等々が主なところである。

北は青森から、南は鹿児島まで、実に驚くべき数の伝承伝説が全国に散在しているのだ。

そして、徐福（もしくはその集団）から伝えられたという薬学、医学、土木工学、建築技術、精錬鋳造技術等々を、各地の人々は今なお伝えている。秦の貨幣が出土している地もあれば、徐福の墓と伝えられるものを大切に守っているところもある。もしもこれらがたんなるお伽噺であるならば、古代において、ここまで広範囲に伝説が定着しているのはむしろ不可解と言うべきだろう。何者かによって、関連する事象がもたらされたと考えるのが自然の成り行きというものだ。なにしろそれは、紀元前のことなのだから。

そこで私はある仮説を立てた。

――徐福伝説が日本の各地にあるのは、渡来した大集団が、渡来後いくつにも分裂して行ったからではないか。徐福本人がどのチームに残ったのかはともかく（あるいは早くに他界して、それが分裂の要因かもしれないが）、徐福の雑多な集団に厳格な規律が守られ続けたとは思えないので、時間が経つうちに小集団がいくつも生まれ、それぞれに小リーダーがいて、完全な統率が取れなくなっていったのだろう。小集団（あるいは特定の個人）が各地に四散して定着し、それぞれの伝説となったのではないか。

これが私の構造仮説である。

戦国時代には信長の配下となって（あるいは敵対して）名を挙げた者たちが、それぞれの思惑で各地に拠点を持った。最終的には秀吉、家康に収斂されていくとはいうものの、薩摩藩島津氏や福岡藩黒田氏、加賀藩前田氏、仙台藩伊達氏、米沢藩上杉氏、秋田藩佐竹氏などは、国持ち大名となって九州から東北まで独自の文化圏を定着させた。その構造と相通ずるものがある。

徐福集団がどれほどのものであったか、具体的かつ信憑性のある資料はきわめて少ない。しかし多くの伝説伝承が、その存在の手応えを感じさせてくれる。だから私は、全国の徐福伝説を、いずれも無下に否定しようとは思わないのだ。存在の証左は、モノではなく、ヒトにあると信じるからである。

ちなみに、徐福を、そのままの名で祭神として祀る神社は現存五社である（他の祭神名と変えられたものは除く）。

▼新井崎神社　京都府与謝郡伊根町新井松川
【祭神】事代主命　宇賀之御魂命　徐福
▼徐福社　波田須神社境内社　三重県熊野市波田須町
【祭神】徐福
▼徐福宮　阿須賀神社境内社　和歌山県新宮市阿須賀
【祭神】徐福
▼金立神社　佐賀県佐賀市金立町大字金立
【祭神】保食神　罔象女命　徐秦福（合祀）天忍穂耳命
▼金立神社下宮　佐賀県佐賀市金立町大字金立
【祭神】保食神　罔象女命　徐秦福（合祀）天忍穂耳命

いずれも伝説のみならず、遺物や遺跡もあるので、参拝すれば〝徐福と出会う旅〟になるだろう。二千年以上の時を超えて、この国の開闢に想いを馳せる良い機会となるはずである。

私が初めて徐福宮を訪ねたのは三十年ほど前であるが、まだ話題にも上らない時代であった（本文中の写真の建物は建て替えられてすでにない）。日差しがまぶしいほどの素晴らしい晴天であったが、公園にも墓所にも人っ子一人いなかった。

しかしその後、シンポジウムなどもおこなわれるようになり、関連の出版物も増えて、今や人気の観光スポットになっている。

本書は、初刊と増補をふまえて、少なからぬ読者から好評をいただいたが、とりわけ私に励みとなったのは、「知的ミステリー」との評価であった。論考には、論証そのものの正確性や斬新性が常に問われるが、それに応えているものは決して多くはない。大半は旧説の焼き直しか、たいくつな饒舌である。しかもその論理展開をスリリングに進行させるのは、論理的考究とは別の努力を並行して求められる。本書は、私が最初に抱いた疑問からスタートして、探索探求の行程を叙述したことで、ある程度、成功したと読者のかたがたに教えていただいた。

金立神社（撮影／田中卓哉）

ところでこれをふまえて、私には新たな壮大な構想が生まれた。

周知のように、『古事記』は出雲神話をひたすら記すものである。すなわち、スサノヲの降臨から始まって、オオクニヌシの国譲りに至るまでの叙事詩が全体の過半である。ならば、渡来して後の徐福の半生を浮き彫りに記すことで、真の日本古代史を叙述することになるのではないか。そしてそれは、空白のない日本古代史、神話を歴史に変換した日本開闢史を書き記すことになるだろう。そこには、三部作で明らかになり、記・紀に書かれなかった歴史、あるいは記・紀が隠した歴史が浮かび上がってくるだろう。

ただし史料不足を補うために、フィクションの手法が必要になる。したがって、これを実現するとすれば、それは論考書とは異なるものにならざるを得ないだろう。はたしてそれが求められているものなのかどうか、そもそもそこから検討していかなければならない。

ちなみに本書『ヒルコ』で、「丹（に・たん）」という〝古代史を開く重要な鍵〟を発見したことは意義深いと思っている。これについては稿を改めて新たな地平を切り拓くことになるはずだが、その入り口は『ヒルコ』本文に記したように、ニウツヒメ（丹生都比売）にある。

なお、私自身の血統も「丹」に深く関わっていることから、特殊な手掛かりも多少はある。「丹」の秘密は歴史的に深く潜行しているので、古代史の闇のある部分が明るみに晒されることは間違いないだろう。近代以降はほとんど無用のものとなったが、政治的にも文化的にもきわめて重要な存在であった。紀州の「丹」も、秩父の「丹」も、徐福一党が見出したものであり、その利用活用も彼らの技術が大前提であった。そして「丹」によって動いた歴史が、かつて存在したのだ。紀伊の丹生都比売神社や丹生川上神社、あるいは秩父の両神神社（元・丹生神社）や金鑽神社（元・金砂神社）は、その重要な手がかりである。――そしてこれらを巡る知的作業は、もう一つの〝徐福と出会う旅〟になるだろう。

戸矢　学

平成三十一年弥生三月

文庫版あとがき

本書『ヒルコ』は、私にとって二つの意味で大切な契機となった著作である。

一つは、将来、新たな展開につながるテーマの発見で、「スサノヲ」も「オオクニヌシ」も「アメノミナカヌシ」もそれぞれ一冊の本になったが、「ニウツヒメ」もまもなく皆さんに披露できそうだ。

もう一つは、「古代史」ものを執筆する際の姿勢である。ミステリーすなわち謎解きを、読者と共に旅をするように進めてゆく手法が好評であったので、これ以後はほとんどそれを採用している。

もともと日本の古代史は「謎」だらけなので、その答えを探し求めてゆけば、必然的に「謎解き」になる。そしてこれまで誰も出していない答えを探し当てたなら、そのプロセスは自然にスリリングなものになるだろう。私の著述姿勢は、『ヒルコ』で決まったのだ。

私は皆さんに一人でも多く読者になってほしいと願って執筆している。だから普及版の文庫になるのはとてもうれしい。むしろ最初から文庫版で書き下ろしたいとさえ思っているくらいだ。

私は、謎に遭遇するたびに「謎解き」をせずにはいられない質（たち）なので、これまでにたくさんの解答が溜まっている。これを披露せずには擱筆（かくひつ）できないので、これからもまだまだ「謎解き」を披露し続けるので、どうぞ期待してください。

令和五年霜月

戸矢 学

■参考資料（順不同）

『日本書紀』国史大系 前編・後編 吉川弘文館 一九九三年

『古事記』国史大系 吉川弘文館 二〇〇一年

『古事記 先代舊事本紀 神道五部書』国史大系 吉川弘文館 二〇〇二年

『鼇頭旧事記』

『延喜式』国史大系 前編 吉川弘文館 一九八一年

『天保新選永代大雑書萬暦大成』

『三大考』服部中庸 一七九一年

『和漢三才図会』寺島良安編 一七一二年

『史記・天官書』司馬遷 前九七年（『史記2書・表』小竹文夫・小竹武夫訳）ちくま学芸文庫 一九九五年

『五行大義』中村璋八 明徳出版社 二〇〇九年

『八幡御因位縁起』（『宮寺縁事抄』）／『大日本古文書 家わけ第四 石清水文書五』）

『八幡大菩薩御因位本縁起』（『宮寺縁事抄』第三／『神道大系 神社編七 石清水』）一九八八年

『群書解題 第一中 神祇部二』続群書類従完成会 一九六二年

『八幡愚童訓（甲・乙）』（日本思想大系20 寺社縁起』所収）岩波書店 一九七五年

『八幡信仰史の研究（上・下）』中野幡能 吉川弘文館 一九七六年

『翰苑』竹内理三校訂・解説 吉川弘文館 一九七七年

『古今和歌集序聞書三流抄』（『中世古今集注釈書解題二』）片桐洋一 赤尾照文堂 一九七三年

『日本書紀私記』国史大系 吉川弘文館 二〇〇三年

『玄同放言』曲亭馬琴（『日本随筆大成 第一期』収録）吉川弘文館 二〇〇七年

『東アジア民族史 正史東夷伝1』井上秀雄・他訳注 平凡社東洋文庫 一九七四年

『キトラ古墳壁画四神玄武』飛鳥資料館 二〇〇七年

『道教の神々』窪徳忠 平河出版社 一九八六年

『「道教」の大事典』坂出祥伸編 新人物往来社 一九九四年

『陰陽五行と日本の天皇』吉野裕子 人文書院 一九九八年

『先代旧事本紀の研究』鎌田純一 吉川弘文館 校本の部一九六〇年 研究の部一九六二年

『日本の神々「先代旧事本紀」の復権』上田正昭・鎌田純一 大和書房 二〇〇四年

『特集・歴史検証『先代旧事本紀』神代から天孫へ』『歴史読本』二〇〇八年十一月号

『総力特集『先代旧事本紀』と古代物部氏の謎』『季刊邪

馬台国』梓書院　二〇〇一年

「ヒルコ神話の研究」石垣亜矢子『学習院大学國語國文學會誌』二〇〇一年

「蛭子（蛭児）考　記、紀、風土記の記述から」志津田藤四郎　佐賀龍谷短期大学紀要　一九八三年

「水蛭子（ひるご）神話論攷」原田信一『駒澤大學文學部研究紀要』一九九四年

「童子神の変容　水蛭子から夷三郎殿へ」中村一基『岩手大学教育学部研究年報』一九九一年

『新撰姓氏録の研究　本文篇』佐伯有清　吉川弘文館　一九六二年

『神々の系図（正・続）』川口謙二　東京美術　一九九一年

『出雲国風土記』沖森卓也・矢嶋泉・佐藤信　山川出版社　二〇〇五年

『新校萬葉集』沢瀉久孝・佐伯梅友　創元社　一九七七年

『福神』喜田貞吉編著　宝文館出版（再刊）一九七六年

『えびす信仰事典』吉井良隆編　戎光祥出版　一九九九年

『平成祭データ』（CD-ROM）神社本庁　平成七年版　同検索プログラム Saiwin Version 1.04 Created by Yanase. For Windows by Matsuoka. ©2002

『日本の歴史・風土・民俗の結晶、神社』玄松子の記憶　http://www.genbu.net/

『氏神事典　あなたの神さま・あなたの神社』戸矢学　河出書房新社　二〇〇九年

『日本風水』戸矢学　木戸出版　二〇〇五年

『鹿児島神宮史』三ツ石友三郎編著　鹿児島神宮社務所　一九八九年

『官幣大社鹿児島神宮略誌』官幣大社鹿児島神宮社務所編集発行　一九四一年

『丹生都比売神社史』丹生都比売神社史編纂委員会　丹生都比賣神社　二〇〇九年

『銅鐸の考古学』佐原真　東京大学出版会　二〇〇二年

『対論　銅鐸』森浩一・石野博信　学生社　一九九四年

『祭りのカネ銅鐸』佐原真　歴史発掘8　講談社　一九九六年

『倭国』岡田英弘　中公新書　一九七七年

『大陸神社大観』岩下傳四郎　大陸神道連盟　一九四一年

『西国三十三所名所図会』暁鐘成編　松川半山・浦川公佐画　一八五三年

『徐福伝説を探る　日中合同シンポジウム』安志敏・梅原猛・汪向栄・他　小学館　一九九〇年

『史記　世家』（新釈漢文大系八五巻）吉田賢抗　明治書院　一九七七年

『史記　列伝』（新釈漢文大系九二巻）青木五郎　明治書院　二〇〇七年

『「正史」はいかに書かれてきたか　中国の歴史書を読み解く』竹内康浩　大修館書店　二〇〇二年
『神道集』貴志正造訳　平凡社東洋文庫　一九六七年
各神社由緒書

その他、多くの図書資料、映像資料等を参考としています。各々の著者・編集者に謝意を表します。

なお、本文中に引用した記・紀をはじめとする古文献の書き下し文および訳文は、とくに但し書きのない限りすべて著者によるものです。

＊本書は、小社刊『ヒルコ――棄てられた謎の神』（二〇一〇年九月）の増補新版（二〇一四年四月）をさらに増補新装した決定版（二〇一九年五月）を文庫にしたものです。

ヒルコ　棄(す)てられた謎(なぞ)の神(かみ)

二〇二四年一月一〇日　初版印刷
二〇二四年一月二〇日　初版発行

著　者　戸矢学(とやまなぶ)
発行者　小野寺優
発行所　株式会社河出書房新社
〒一五一-〇〇五一
東京都渋谷区千駄ヶ谷二-三二-二
電話〇三-三四〇四-八六一一（編集）
〇三-三四〇四-一二〇一（営業）
https://www.kawade.co.jp/

ロゴ・表紙デザイン　粟津潔
本文フォーマット　佐々木暁
本文組版　株式会社ステラ
印刷・製本　中央精版印刷株式会社

Printed in Japan　ISBN978-4-309-42078-3

ツクヨミ 秘された神

戸矢学 41317-4

アマテラス、スサノヲと並ぶ三貴神のひとり月読尊。だが記紀の記述は極端に少ない。その理由は何か。古代史上の謎の神の秘密に、三種の神器、天武、桓武、陰陽道の観点から初めて迫る。

三種の神器

戸矢学 41499-7

天皇とは何か、神器はなぜ天皇に祟ったのか。天皇を天皇たらしめる祭祀の基本・三種の神器の歴史と実際を掘り下げ、日本の国と民族の根源を解き明かす。

ニギハヤヒと『先代旧事本紀』

戸矢学 41739-4

初代天皇・神武に譲位した先代天皇・ニギハヤヒ。記紀はなぜ建国神話を完成させながら、わざわざこの存在を残したのか。再評価著しい『旧事記』に拠りながら物部氏の誕生を考察。単行本の文庫化。

神に追われて　沖縄の憑依民俗学

谷川健一 41866-7

沖縄で神に取り憑かれた人をカンカカリアという。それはどこまでも神が追いかけてきて解放されない厳しい神懸かりだ。沖縄民俗学の権威が実地に取材した異色の新潮社ノンフィクション、初めての文庫化。

日本書紀が抹殺した　古代史謎の真相

関裕二 41771-4

日本書紀は矛盾だらけといわれている。それは、ヤマト建国の真相を隠すために歴史を改竄したからだ。書記の不可解なポイントを30挙げ、その謎を解くことでヤマト建国の歴史と天皇の正体を解き明かす。

応神天皇の正体

関裕二 41507-9

古代史の謎を解き明かすには、応神天皇の秘密を解かねばならない。日本各地で八幡神として祀られる応神が、どういう存在であったかを解き明かす、渾身の本格論考。

天皇と賤民の国

沖浦和光　41667-0

日本列島にやってきた先住民族と、彼らを制圧したヤマト王朝の形成史の二つを軸に、日本単一民族論を批判しつつ、天皇制、賤民史、部落問題を考察。増補新版。

日本の聖と賤　中世篇

野間宏／沖浦和光　41420-1

古代から中世に到る賤民の歴史を跡づけ、日本文化の地下伏流をなす被差別民の実像と文化の意味を、聖なるイメージ、天皇制との関わりの中で語りあう、両先達ならではの書。

日本の偽書

藤原明　41684-7

超国家主義と関わる『上記』『竹内文献』、東北幻想が生んだ『東日流外三郡誌』『秀真伝』。いまだ古代史への妄想をかき立てて止まない偽書の、荒唐無稽に留まらない魅力と謎に迫る。

神さまってなに？

森達也　41509-3

宗教とは火のようなもの。時に人を温めるが、時に焼き殺すこともある——現代社会で私たちは宗教とどのように対峙できるのか？　宗教の誕生した瞬間から現代のかたちを通じて、その可能性を探る。

日本人の神

大野晋　41265-8

日本語の「神」という言葉は、どのような内容を指し、どのように使われてきたのか？　西欧のGodやゼウス、インドの仏とはどう違うのか？　言葉の由来とともに日本人の精神史を探求した名著。

知っておきたい日本の神様

武光誠　41775-2

全国で約12万社ある神社とその神様。「天照大神や大国主命が各地でまつられるわけは？」などの素朴な疑問から、それぞれの成り立ち、系譜、ご利益、そして「神道とは何か」がよくわかる書。

隠された神々

吉野裕子 41330-3

古代、太陽の運行に基き神を東西軸においた日本の信仰。だが白鳳期、星の信仰である中国の陰陽五行の影響により、日本の神々は突如、南北軸へ移行する……吉野民俗学の最良の入門書。

古事記

池澤夏樹〔訳〕 41996-1

世界の創成と、神々の誕生から国の形ができるまでを描いた最初の日本文学、古事記。神話、歌謡と系譜からなるこの作品を、斬新な訳と画期的な註釈で読ませる工夫をし、大好評の池澤古事記、ついに文庫化。

現代語訳 古事記

福永武彦〔訳〕 40699-2

日本人なら誰もが知っている古典中の古典「古事記」を、実際に読んだ読者は少ない。名訳としても名高く、もっとも分かりやすい現代語訳として親しまれてきた名著をさらに読みやすい形で文庫化した決定版。

現代語訳 日本書紀

福永武彦〔訳〕 40764-7

日本人なら誰もが知っている「古事記」と「日本書紀」。好評の『古事記』に続いて待望の文庫化。最も分かりやすい現代語訳として親しまれてきた福永武彦訳の名著。『古事記』と比較しながら読む楽しみ。

禁忌習俗事典

柳田国男 41804-9

「忌む」とはどういう感情か。ここに死穢と差別の根原がある。日本各地からタブーに関する不気味な言葉、恐ろしい言葉、不思議な言葉、奇妙な言葉を集め、解説した読める民俗事典。全集未収録。

葬送習俗事典

柳田国男 41823-0

『禁忌習俗事典』の姉妹篇となる１冊。埋葬地から帰るときはあとを振り返ってはいけない、死家と飲食の火を共有してはいけないなど、全国各地に伝わる風習を克明に網羅。全集未収録。葬儀関係者に必携。

日本迷信集

今野圓輔　41850-6

精霊送りに胡瓜が使われる理由、火の玉の正体、死を告げるカラスの謎……“黒い習俗”といわれる日本人のタブーに対して、民俗学者の視点からメスを入れた、日本の迷信集記録。

口語訳 遠野物語

柳田国男　佐藤誠輔〔訳〕　小田富英〔注釈〕　41305-1

発刊100年を経過し、いまなお語り継がれ読み続けられている不朽の名作『遠野物語』。柳田国男が言い伝えを採集し簡潔な文語でまとめた原文を、わかりやすく味わい深い現代口語文に。

知れば恐ろしい 日本人の風習

千葉公慈　41453-9

日本人は何を恐れ、その恐怖といかに付き合ってきたのか?!　しきたりや年中行事、わらべ唄や昔話……風習に秘められたミステリーを解き明かしながら、日本人のメンタリティーを読み解く書。

核DNA解析でたどる　日本人の源流

斎藤成也　41951-0

アフリカを出た人類の祖先は、いかにして日本列島にたどりつき「ヤポネシア人」となったのか。中国人・東南アジア人ともかけ離れた縄文人のDNAの特異性とは？先端科学を駆使した知的謎解きの書！

四天王寺の鷹

谷川健一　41859-9

四天王寺は聖徳太子を祀って建立されたが、なぜか政敵の物部守屋も祀っている。守屋が化身した鷹を追って、秦氏、金属民、良弁と大仏、放浪芸能民と猿楽の謎を解く、谷川民俗学の到達点。

お稲荷さんと霊能者

内藤憲吾　41840-7

最後の本物の巫女でありイタコの一人だった「オダイ」を15年にわたり観察し、交流した貴重な記録。神と話し予言をするなど、次々と驚くべき現象が起こる、稲荷信仰の驚愕の報告。

陰陽師とはなにか

沖浦和光　41512-3

陰陽師は平安貴族の安倍晴明のような存在ばかりではなかった。各地に、差別され、占いや呪術、放浪芸に従事した賤民がいた。彼らの実態を明らかにする。

性・差別・民俗

赤松啓介　41527-7

夜這いなどの村落社会の性民俗、祭りなどの実際から部落差別の実際を描く。柳田民俗学が避けた非常民の民俗学の実践の金字塔。

生きていく民俗　生業の推移

宮本常一　41163-7

人間と職業との関わりは、現代に到るまでどういうふうに移り変わってきたか。人が働き、暮らし、生きていく姿を徹底したフィールド調査の中で追った、民俗学決定版。

山に生きる人びと

宮本常一　41115-6

サンカやマタギや木地師など、かつて山に暮らした漂泊民の実態を探訪・調査した、宮本常一の代表作初文庫化。もう一つの「忘れられた日本人」とも。没後三十年記念。

海に生きる人びと

宮本常一　41383-9

宮本常一の傑作『山に生きる人びと』と対をなす、日本人の祖先・海人たちの移動と定着の歴史と民俗。海の民の漁撈、航海、村作り、信仰の記録。

辺境を歩いた人々

宮本常一　41619-9

江戸後期から戦前まで、辺境を民俗調査した、民俗学の先駆者とも言える四人の先達の仕事と生涯。千島、蝦夷地から沖縄、先島諸島まで。近藤富蔵、菅江真澄、松浦武四郎、笹森儀助。

サンカの民を追って

岡本綺堂 他　41356-3

近代日本文学がテーマとした幻の漂泊民サンカをテーマとする小説のアンソロジー。田山花袋「帰国」、小栗風葉「世間師」、岡本綺堂「山の秘密」など珍しい珠玉の傑作十篇。

山窩は生きている

三角寛　41306-8

独自な取材と警察を通じてサンカとの圧倒的な交渉をもっていた三角寛の、実体験と伝聞から構成された読み物。在りし日の彼ら彼女らの生態が名文でまざまざと甦る。失われた日本を求めて。

異形にされた人たち

塩見鮮一郎　40943-6

差別・被差別問題に関心を持つとき、避けて通れない考察をここにそろえる。サンカ、弾左衛門から、別所、俘囚、東光寺まで。近代の目はかつて差別された人々を「異形の人」として、「再発見」する。

旅芸人のいた風景

沖浦和光　41472-0

かつて日本には多くの旅芸人たちがいた。定住できない非農耕民は箕作り、竹細工などの仕事の合間、正月などに予祝芸を披露し、全国を渡り歩いた。その実際をつぶさに描く。

被差別部落とは何か

喜田貞吉　41685-4

民俗学・被差別部落研究の泰斗がまとめた『民族と歴史』２巻１号の「特殊部落研究号」の、新字新仮名による完全復刻の文庫化。部落史研究に欠かせない記念碑的著作。

部落史入門

塩見鮮一郎　41430-0

被差別部落の誕生から歴史を解説した的確な入門書は以外に少ない。過去の歴史的な先駆文献も検証しながら、もっとも適任の著者がわかりやすくまとめる名著。

見た人の怪談集

岡本綺堂 他　41450-8

もっとも怖い話を収集。綺堂「停車場の少女」、八雲「日本海に沿うて」、橘外男「蒲団」、池田彌三郎「異説田中河内介」など全十五話。

実話怪談　でる場所

川奈まり子　41697-7

著者初めての実話怪談集の文庫化。実際に遭遇した場所も記述。個人の体験や、仕事仲間との体験など。分身もの、事故物件ものも充実。書くべくして書かれた全編恐怖の28話。

日本怪談集　奇妙な場所

種村季弘〔編〕　41674-8

妻子の体が半分になって死んでしまう家、尻子玉を奪いあう河童……、日本文学史に残る怪談の中から新旧の傑作だけを選りすぐった怪談アンソロジーが、新装版として復刊！

日本怪談集　取り憑く霊

種村季弘〔編〕　41675-5

江戸川乱歩、芥川龍之介、三島由紀夫、藤沢周平、小松左京など、錚々たる作家たちの傑作短篇を収録。科学では説明のつかない、掛け値なしに怖い究極の怪談アンソロジーが、新装版として復刊！

戦前のこわい話〈増補版〉

志村有弘〔編〕　41971-8

明治から戦前までにあった、怪談実話、不可解な物語、猟奇事件を生々しく伝える、怪奇と恐怖の実話アンソロジー。都会や村の民間伝承に取材した怖ろしい話。2009年版に、山之口貘「無銭宿」を増補。

日本怪談実話〈全〉

田中貢太郎　41969-5

怪談実話の先駆者にして第一人者の田中貢太郎の代表作の文庫化。実名も登場。「御紋章の異光」「佐倉連隊の怪異」「三原山紀行」「飯坂温泉の怪異」「松井須磨子の写真」など全234話。解説・川奈まり子

著訳者名の後の数字はISBNコードです。頭に「978-4-309」を付け、お近くの書店にてご注文下さい。